旅游概论

Introduction to Tourism

王金伟　主编

北京理工大学出版社
BEIJING INSTITUTE OF TECHNOLOGY PRESS

版权专有 侵权必究

图书在版编目（CIP）数据

旅游概论 / 王金伟主编. -- 北京：北京理工大学出版社，2021.3
ISBN 978-7-5682-9579-6

Ⅰ.①旅… Ⅱ.①王… Ⅲ.①旅游 - 中等专业学校 - 教材 Ⅳ.①F590

中国版本图书馆 CIP 数据核字（2021）第 040365 号

出版发行 / 北京理工大学出版社有限责任公司
社　　址 / 北京市海淀区中关村南大街 5 号
邮　　编 / 100081
电　　话 /（010）68914775（总编室）
　　　　　（010）82562903（教材售后服务热线）
　　　　　（010）68944723（其他图书服务热线）
网　　址 / http://www.bitpress.com.cn
经　　销 / 全国各地新华书店
印　　刷 / 定州市新华印刷有限公司
开　　本 / 787 毫米 × 1092 毫米　1/16
印　　张 / 9.5　　　　　　　　　　　　　　　责任编辑 / 梁铜华
字　　数 / 223 千字　　　　　　　　　　　　　文案编辑 / 杜　枝
版　　次 / 2021 年 3 月第 1 版　2021 年 3 月第 1 次印刷　　责任校对 / 刘亚男
定　　价 / 32.00 元　　　　　　　　　　　　　责任印制 / 边心超

图书出现印装质量问题，请拨打售后服务热线，本社负责调换

前言

近年来，我国旅游业高速发展，已成为国民经济的战略性支柱产业。旅游业的蓬勃发展离不开旅游专业人才的支撑。我国现代意义上的旅游专业教育肇始于20世纪70年代末，经过40余年的发展，现已形成跨学科、多元化的学科体系。据相关数据显示，2019年，我国开设旅游专业的院校总数超过2 500所，招生人数约27万人。旅游类院校为旅游业输送了大量专业人才，成为旅游人才培养的重要基地。

"旅游概论"作为旅游学科体系中的基础课程，是进行旅游教育和专业学习的入门课程。本书旨在论述旅游学基础知识及延伸知识，使读者掌握旅游学的基础知识并激发其对旅游管理专业的兴趣，为培育高素质、高水平的综合性旅游管理专业人才贡献力量。全书从旅游教育和旅游产业发展实际出发，共分为九章。首先，从旅游学发展历程和现状对旅游学科体系进行了基本介绍；其次，对旅游系统的核心主体，即旅游活动、旅游者、旅游资源等分别进行详细介绍；最后，分析了旅游活动在经济、社会文化以及环境上所产生的效应。在内容上，本书尽量涵盖了旅游学的基础知识，章节内容编排上符合知识演化逻辑，而在每章后设置的课后思考题及扩展知识点，更易于帮助读者掌握相关章节的内容；在文字上，以简洁翔实的语言传达给读者旅游学相关知识，以更加通俗易懂的文字帮助读者读懂"旅游"。

本书为北京市第二外国语学院旅游科学学院王金伟副教授团队集体合作的结晶。王金伟副教授负责统筹安排、框架设计、总统稿。各章编写工作分工如下：王金伟、余得光负责第一、第二章，王金伟、鹿广娟负责第三、第四章，玉冰心和叶竹韵负责第五、第六章，王金伟、李瑶负责第七、第八章，王金伟、王祎澎负责第九章。另外，鹿广娟、王国权、雷婷、刘乙和张晓丹五位同学负责协调、统稿和相关后续工作。

本书虽尽可能做到翔实、易懂，但难免存在一些不足之处，还请各位读者不吝赐教。

编　者

目　录

第一章　旅游学 ... 1
学习目标 ... 1
主要内容 ... 1
第一节　旅游学的发展历史与现状 ... 1
第二节　旅游学的研究对象与内容 ... 4
第三节　旅游学的学科体系 ... 5
第四节　旅游学的研究方法 ... 7
思考题 ... 10
参考文献 ... 10

第二章　旅游活动 ... 12
学习目标 ... 12
主要内容 ... 12
第一节　旅游活动的界定 ... 12
第二节　旅游活动的类型 ... 14
第三节　旅游活动的特点 ... 23
思考题 ... 24
知识拓展 ... 25
参考文献 ... 26

第三章　旅游者 ... 27
学习目标 ... 27
主要内容 ... 27
第一节　旅游者概述 ... 27
第二节　旅游者产生的客观条件 ... 35
第三节　旅游者产生的主观条件 ... 37
思考题 ... 44
知识拓展 ... 44

参考文献 46

第四章 旅游资源 47
学习目标 47
主要内容 47
第一节 旅游资源概论 47
第二节 旅游资源的调查与评价 56
第三节 旅游资源的开发与保护 64
思考题 67
知识拓展 67
参考文献 68

第五章 旅游业 69
学习目标 69
主要内容 69
第一节 旅游业的概念 69
第二节 旅游业的性质与特点 72
第三节 旅游业的构成 74
第四节 旅行社 75
第五节 旅游产品 79
第六节 旅游景区 80
思考题 82
知识拓展 83
参考文献 84

第六章 旅游市场 85
学习目标 85
主要内容 85
第一节 旅游市场的概念 85
第二节 旅游市场营销 88
第三节 国际旅游市场基本状况 91
第四节 我国旅游市场的细分 94
思考题 99
参考文献 99

第七章　旅游组织 ···101

学习目标 ···101
主要内容 ···101
第一节　旅游组织的内涵 ···101
第二节　国际性旅游组织 ···104
第三节　我国的旅游组织 ···108
第四节　旅游政策法规 ···110
思考题 ···113
知识拓展 ···114
参考文献 ···114

第八章　旅游信息系统 ···115

学习目标 ···115
主要内容 ···115
第一节　信息技术在旅游业中的应用 ···115
第二节　旅游电子商务 ···118
第三节　智慧旅游 ···120
思考题 ···124
知识拓展 ···124
参考文献 ···125

第九章　旅游效应 ···127

学习目标 ···127
主要内容 ···127
第一节　旅游的经济效应 ···127
第二节　旅游的文化效应 ···130
第三节　旅游的环境效应 ···135
第四节　旅游可持续效应 ···138
思考题 ···141
知识拓展 ···142
参考文献 ···144

第一章 旅游学

学习目标

本章对旅游学的发展历史和研究现状进行了描述，旨在使读者全面了解旅游学的发展历程并掌握旅游学所涉及的研究对象与内容；同时，对旅游学的学科框架体系进行了梳理，使读者掌握旅游学科体系并把握相关旅游学的研究方法。

主要内容

1. 旅游学的发展历史、研究现状与展望。
2. 旅游学的研究对象与研究内容。
3. 旅游学的学科体系与细分学科。
4. 旅游学的研究方法。

第一节 旅游学的发展历史与现状

一、旅游学的发展历史

旅游活动的产生最早可以追溯到古代的商贾周游、文士漫游、宗教朝觐等活动。具有现代意义的旅游活动起始于1841年英国托马斯·库克组织的一次包租火车的团体旅游。尽管如此，旅游相关的学术研究却起步较晚。19世纪末20世纪初，国外学者开始从经济学的角度研究旅游的活动过程。长久以来，旅游学并没有在学术界得到应有的重视。毫无疑问，旅游研究没有得到广泛尊重和接受是因为早期的旅游业本身并不是一个学科（Tribe，1997），而是被许多学者认为是边缘化的研究内容或是作为一个学科交叉的研究领域，包括人类学、管理学、经济学、地理学、社会学等。多个母学科的介入，有助于旅游学科的多元化发展，但是旅游学研究呈现出的多样性，在某种程度上对于旅游学科的建立也产生了分歧与区隔化。长期以来，旅游学的独立学科地位难以建立。

寻找最早的旅游学研究非常困难。尽管早在公元前5世纪就有了希罗多德（Herodotus）根据自己的所见所闻编写的《历史》（Ἱστορίαι）一书，以及公元13世纪的

《马可·波罗游记》等资料，但由于这只是个体在旅行活动中的简单记录，因此不能列入严格意义上的旅游学术研究范畴。同样的，导游类的书籍对于旅游研究人员也具有一定程度上的价值（Bruce，2010），但因其主要包含的是旅游景点及旅游攻略，同样不能作为对旅游学本身的研究。

早期的旅游研究大多是关于旅游活动的事实性描述，反映了真实世界中的旅游活动及其模式，描述了旅游业存在的相关现象、旅游活动产生的影响，以及与其他经济形态直接的关系。这些旅游研究绝大部分是非理论性的研究，且多聚焦于某一案例进行研究，可能不具有普适意义，甚至可能并不来源于学术期刊。尽管如此，早期这些研究还是进一步明晰了旅游活动的模式、关系和影响，以及旅游业的作用和规模。例如，Gilbert（1939）在研究中引用了1860年《泰晤士报》（*The Times*）的一篇文章，详细地描述了度假村的发展历程；19世纪80年代到20世纪初，美国《国家》（*The Nation*）杂志也针对这一主题进行了研究。

沿海地区及其他类型旅游目的地的发展是旅游研究中历史最悠久的主题之一，地理学家和城市研究人员也自然而然地对这一主题特别感兴趣。除Gilbert外，Meinecke（1929）也是美国早期的旅游研究者之一。他的论文《过度旅游对加州红杉公园的影响（The Effect of Excessive Tourist Travel on California Redwood Parks）》是率先研究旅游业对环境影响的论文之一。另一篇关于旅游目的地的早期相关研究论文是Jones（1933年）关于山地型旅游目的地的著作。

20世纪上半叶的旅游学研究主要涉及两个层面的具体问题：其一是土地使用，其二是旅游业的经济影响。Joerg（1935）和McMurray（1930）在研究土地使用规划时将旅游业纳入其中。Brown（1935）在娱乐业研究中对旅游目的地的旅游和相关业务发展模式进行了调查。在旅游业对目的地经济影响的研究方面，最早出现的研究之一是Carlson（1938）和Ullman（1954）针对旅游和休闲在经济发展中的作用，提出把便利设施作为区域增长的因素。

Barrett和Ullman（1954）率先将模型和理论引入旅游研究。20世纪60年代，人们对这一领域的研究取得了长足的发展，为理论和概念在旅游研究中的应用奠定了基础。需要强调的是，早期对娱乐和休闲的研究与旅游业有着极大的关联。其中有两个突出的研究领域，一是关于旅行及需求，二是关于旅游承载力。在旅行及需求方面，Ullman和Volk（1961）构建了用于预测参观人数和特定景点上座率的模型。该研究所使用的计量经济学模型为其后的研究奠定了基础。Clawson（1959）编著的《户外娱乐的需求和价值的衡量方法（Methods of Outdoor Recreation for the Demand and Value of Outdoor Recreation）》是该领域的开创性著作，随后又与Knetsch（1967）合著了《户外娱乐经济学（The Economics of Outdoor Recreation）》。或许由于这些研究使用了"娱乐"一词而非"旅游业"，导致了其中大部分研究成果被大多数旅游研究者所忽略。另外的一些重要研究包括Ellis和van Doren（1967）通过系统模型预测游憩流量的研究，Wolfe（1967）关于娱乐公路交通理论的研究以及Williams和Zelinsky（1970）对于国际游客流动模式的研究。

在旅游承载力研究方面，美国林业局在 20 世纪 60 年代进行了一系列开创性研究。Wagar（1964）研究了载客量及游客体验质量与遇到的同行游客数量之间的关系，Lucas（1964）关于确定不同类型用户之间的最佳接触次数的研究也与旅游目的地息息相关。美国林业局研究人员的工作对于当前广泛应用的管理政策具有一定的指导意义，如可接受的限度变化（Stankey，1985）和机会谱（Clarke 和 Stankey，1979）等概念。目前，关于自然旅游目的地的管理（特别是生态型自然旅游目的地）在很大程度上是基于这一时期所做的基础研究进行拓展的。

20 世纪 70 年代是旅游研究理论快速发展的十年。这十年中出现的许多理论和模式仍然在当代旅游文献中被广泛和频繁的引用。在越来越重视实证研究、量化和适用性的当今时代，旅游研究学者主要参考的理论仍然是由思想和经验发展而来，而非数据。即使是在使用数据的研究中，对于数据的分析也是基于当代著名的模型、理论和概念，而这些模型、理论和概念也是由思想和经验发展而来的产物。尽管当时的旅游研究很少采用模型，但这些研究为后续的旅游研究奠定了基础。从当今视角来看，不得不承认的是，这些模型、理论和概念在某些方面仍存在不足，但事实上，这些模型、理论和概念在现今仍然被研究者引用，也是对其研究价值的肯定。所有这些研究都有一个共同的特点：研究对象都是现实世界中的旅游，而非概念化的旅游，包括游客的属性及其与旅游目的地居民的关系以及旅游发展对旅游目的地的影响。这也许就是为什么它们在今天仍然有意义的原因。

20 世纪 90 年代至今，旅游研究进入了一个全新的时代。Aramberri（2010）指出"自 20 世纪 90 年代以来，伴随我们的旅游研究快速增长仍然有增无减（The quick growth of tourism research that has been with us since the 1990s remains unabated）"。一方面，基于不同母学科的多元化研究方法被引入旅游学科；另一方面，研究对象不断丰富，越来越多的研究问题被发掘出来。总体来看，尽管旅游学科的独立学科地位尚未建立，但是旅游研究不断走向成熟，而且其中还产生了一些较具有影响力的研究成果。

二、旅游学的研究现状与展望

多年来，旅游研究的一个重要特点是借用现有母系学科的概念和模型，并将其应用于旅游现象研究中，这反映了旅游学科研究的多学科性与交叉性。尽管将新观念和新思想引入旅游研究不失为学术研究的一种好方法，但也在某种程度上将旅游业塑造成了一个没有独立理论体系或概念架构的二级学科。纵观最新的旅游研究论文，来自其他学科研究领域的概念或相关模型被大量嫁接到旅游研究中，一些几乎和旅游业不相关的概念或模型在旅游研究的某些领域却发挥了较大作用。不得不强调的是，这些概念或模型通常并非基于旅游情境生成，因此在适用性方面尚待进一步验证。

在旅游研究中，过多地接受来自其他学科的想法和概念，可能会导致学术界对旅游本身研究的忽视，同时，也忽略了旅游和其他学科在人类社会与经济行为方面的差异。如果不加批判地接受来自旅游学科之外的其他学科的想法，那么纵使其出发点是为了提高旅游研究的学术水平，实际上却会对旅游研究造成一种伤害。有学者认为，这种做法是为了使其他学科的研究人员在研究评估方面更容易接受旅游研究，但事实上往往并不能达到预期的效果。

目前大部分旅游研究都集中于社会文化理论和旅游管理两大领域，Aramberri（2010）精辟地将其类比作剪刀的两个刀刃。旅游学术中一个明显缺失的领域是对旅游环境方面的研究。在当下这样一个比以往任何时候都更强调可持续性的时代，旅游研究几乎忽略了这一细分领域。从可持续发展的视角来看，旅游研究需要更多地关注旅游与其所在的环境之间的关系。目前，主流旅游期刊的学术论文都是从社会科学或是管理学的角度来探讨这一主题，只有在生态学及地理学的期刊中才能找到涉及这一研究领域的文章。无论是旅游中人类活动对自然环境的总体影响（如对水、野生动物和植物的影响），还是旅游业与气候变化的关系，旅游研究人员普遍缺乏对这些主题的关注。一个原因是旅游类期刊的导向性，另一个原因是专业人士的匮乏。其中积极的一面是，中国的旅游学者在旅游研究领域不断耕耘，取得了令人鼓舞的成果，如北京联合大学主办的《旅游学刊》业已成长为中国旅游学术的一个重要交流平台，刊载文章涵盖了从哲学问题到复杂的统计分析等多样化主题，使国内旅游学术研究水平不断提升。

旅游研究若要对学科知识做出重大贡献，应该回到旅游存在的背景下审视旅游，强调学科体系的构建，而不是开发新的细分研究领域，导致旅游研究的碎片化。目前，旅游研究的两极分化是高度个人化的主观解释（通常使用极小的、没有代表性的样本）以及在统计层面进行的高级统计分析。如果要认真对待旅游研究并使研究结果具有真正的意义，就需要改变这种两极分化的研究局面。在这一令人兴奋且最具挑战性的课题中，有许多问题和未知需要探索。旅游学是社会科学重要的研究领域，我们有义务消除学界的偏见，研究出能够公正反映这一学科主题和意义的学术成果。

第二节　旅游学的研究对象与内容

一、旅游学的研究对象

旅游是在社会的背景下出现的一种复杂现象，无论其形成还是发展，都具有一定的规律。那么，在学术研究中，旅游学的研究对象是什么呢？

关于研究对象有两种说法：说法一：旅游的研究对象是指旅游"三体说"中的三要素——旅游者（主体）、旅游吸引物（客体）及旅游业（介体）。诸多学者认为，旅游学的研究对象是旅游三体及其相互之间的关系（王德刚，2004），但是，也有学者认为，旅游学的研究对象并不拘泥于某些关系或者某些客体，于是就有了第二种说法：旅游是一种复杂的社会现象，旅游学的研究对象是系统的、完整的旅游现象（申葆嘉，1999）。

关于上述两种说法，就现行研究来看，学术界普遍认同第二种说法，即"旅游研究对象是旅游现象"。本书认为，旅游学本身是一复杂的学科体系，应该包含旅游者在实际的旅游活动中所涉及的方方面面；并且，旅游学是先有实际的旅游活动，再有相关的旅游学术研究的，即先有现象，再有理论。另外，第二种说法实际上也是在旅游"三体说"的基础上进一步深入而得出的结论，所有的旅游行为都离不开旅游者、旅游吸引物及旅游业三个要素，但最终都以某种复杂、综合的现象体现出来，才使人们能够透过现象研究本质。对旅游的研究应该囊括所有要素，不能仅着眼于某一个体而忽略其他。因此，旅游研究对象是旅游现象，其是指旅游活动中的各行为主体在一定地域和时间之内所引发的各种关系和现象。

二、旅游学的研究内容

可以将上述旅游学的研究对象进一步剖析，并离析出旅游学的研究内容。本书按照旅游者在进行旅游活动"前—中—后"的旅游现象中可能出现的主体和关系进行旅游学的研究内容的划分，具体如图1-2-1所示。

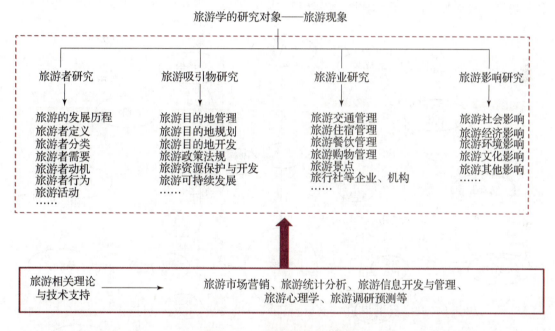

图1-2-1 旅游学的研究内容

（资料来源：根据李天元. 旅游学的发展与旅游教育面临的挑战. 桂林旅游高等专科学校学报，1999（S2）：3-5内容改编。）

如图1-2-1所示，旅游学的研究内容囊括了整个旅游现象的所有内容，形成了一个包括旅游三要素和支撑要素的完整体系。该体系包含了对旅游者、旅游吸引物、旅游业、旅游影响及旅游相关理论与技术支持等内容的研究。

第三节 旅游学的学科体系

一、旅游学的学科体系概述

旅游几乎涵盖了社会生活的方方面面。旅游发展除了对经济、文化和环境等的发展有重要意义外，同时，也涉及地理、经济、历史、社会、政治等多个学科，因此，有必要整合多个学科来研究旅游。例如，历史和地理等学科有助于帮助人们更多地了解旅游目的地的历史和地理资源的开发。此外，市场营销学和商务等学科有助于了解旅游产品的促销和营销；信息技术的研究深化了对全球分销系统的重要性的理解以及其对旅游业的影响的认识；对宗教和文化的研究提供了关于目的地的文化资源和将其发展为文化目的地的机会的信息。旅游学的范畴包括多维度、多方面的内容，因此，与旅游相关的学科涵盖范围很广。

二、细分学科介绍

旅游学作为一门综合性较强的学科，是一个庞大的学科体系，不仅包括旅游基本学科，也有一些交叉学科，具体如图 1-3-1 所示。

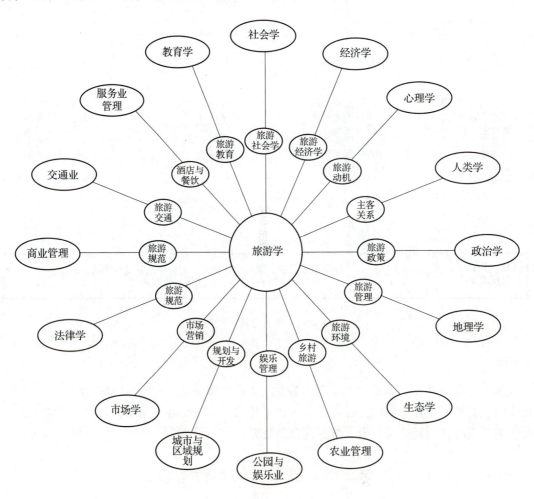

图 1-3-1 旅游学的研究领域与旅游学科研究方法

（资料来源：根据 Jafari and Ritchie（1981）和 McIntosh Goeldner（1990）相关研究改编。）

第四节 旅游学的研究方法

一、定性研究方法

定性研究方法通常被误解为没有数据支撑的简单研究,但实际上,它是旅游研究中的重要方法体系。在解决旅游发展过程中的学术问题方面,具有难以比拟的优势。定性研究强调了相对于研究者的主观性,不仅表现在研究对象的方式上,也表现在所获得的结果上。无论是旅游研究者、人文主义者或自然地理学家,由于自身特定的原因(过去经历、教育背景、性别、原则、信仰等因素),都具有一定的主观性。有几种不同的方法和定性标准对于定性研究方法进行分类。Winchester(2000)提出了三类定性方法:口头(包括但不限于非结构化访谈、焦点小组、案例研究)、文本分析、直接观察(人种志方法)。

1. 访谈

访谈是研究者直接从被调查者那里收集信息的方法。Blanchet(1985)将访谈定义为"访谈者和受访者两人之间的对话,由访谈者管理和记录。其目的是鼓励就研究框架定义的主题发表演讲"。(A conversation between two people, an interviewer and interviewee, managed and recorded by the interviewer. The purpose of this talk is to encourage the production of a speech on a topic defined by a research framework.)研究性访谈是一种通过提问和回答,从个体和群体中获取口头信息的技术,其目的是验证假设或科学地描述社会科学现象。研究性访谈包括制定一份指导访谈与倾听和干预策略的主题指南(Curelaru,2003)。

(1)半结构化访谈

预先设定好访谈指南,提出问题,但允许访谈者偏离访谈计划,对于具体的访谈主题进行介绍。访谈者介绍主题,然后,再通过提出具体的问题来引导访谈。

(2)非结构化访谈

允许访谈者与关注某一问题的公众成员完全自由地交谈。在某些情况下,问题并非事先给出的,而是通过非结构化访谈发现的。

非结构化访谈通常会通过几次会议进行,一次会议可能需要几个小时,最典型的是通过面对面的直接对话来实现。

● 非结构化访谈的优势:
● 借助非结构化访谈可以洞察并详细了解受访者的态度和情感,而不是诉诸默认的替代答案。
● 借助非结构化访谈可以确定来自特定地区、国家、产品或服务的动机和阻力。
● 借助非结构化访谈有助于分析复杂的研究主题或初始阶段信息不足的新问题。

● 借助非结构化访谈有助于在访谈者和受访者之间建立信任，能够接近某些被认为是"禁忌"的话题。

2. 焦点小组

焦点小组被定义为具有共同兴趣或特征的个体构成的小组，焦点小组包含一个主持人，主持人通过焦点小组及其相互作用来获取关于特定问题的信息。

专家建议，焦点小组的问题要相对少一些，7~10个问题比较合适，否则讨论时间会令人无法接受，而这最终意味着无法获得预期的结果。焦点小组的成员需要精心挑选，此外对于指南中没有提供的问题，还需要在焦点小组结束前预留10~15分钟。一般而言，焦点小组持续2小时，由8~10名参与者组成。研究发现，由8~10名彼此互不熟悉但在相关研究主题领域具有某些共同特征的人组成的焦点小组能够实现观点的多样性，并有利于主持人控制讨论走向，使焦点小组的所有参与者说出各自的观点。例如，焦点小组的成员可以是一起经历过某一事件的人、使用过某一产品或服务的消费者、到访过某一国家的游客、某一活动的参与者等。

● 焦点小组的优势

使用焦点小组进行研究的优势在于操作的灵活性、结果的快速性和成本的经济性。借助焦点小组可以获得关于利益相关者动机和行为的深度信息。焦点小组通常与其他方法和技术结合使用，用于确定定量调查问卷中所包括的问题以及获取并解释定量研究中收集的数据、验证以前研究的结果。

3. 文献内容分析

文献内容分析是一种间接的研究方法，主要针对所积累的相关信息进行分析（Iuga，2009）。这种分析是在实地考察之前进行的，将所收集到的信息与在实地考察中可能出现的任何新情况加以区分。在旅游学的研究中，需要应用文献内容分析，特别是当研究的对象是过去的趋势或已经消失的现象时。

4. 观察

观察作为所有科学研究的方法之一，被定义为对旅游中发生的现象和活动的持续跟踪与系统描述。一般而言，学者基于研究人员是否参与到观察中，将其划分为非参与性和参与性观察两个类别。非参与性观察是指研究者不参与到观察对象所涉及的活动中，而从外部进行研究；参与性观察是指研究者直接加入观察对象的活动中，通过参与直接进行观察。

观察是所有研究方法中最具有定性特征的一种，可以使研究者能够发现参与旅游活动的人的思想、情感和行为的详细信息以及研究活动的各个阶段和细节。研究者可以选择秘密观察或公开观察来进行研究活动。在秘密观察时，研究者需要将自己的身份和研究目的隐藏起来，继而在研究群体中进行自己的观察。在公开观察中，研究者的身份和研究目的是透明的，在研究群体中是被了解的情况下进行观察的。

二、定量研究方法

定量研究方法一般是为了特定的研究对象而进行的一种统计分析方法，其基于科学基础对客观事物进行研究。在旅游学科的研究中,定量研究方法是通过对旅游调查中的资料进行量化分析,从而得出具有数量特征的结论的。定量研究方法通过测量、描述、分析等操作对所测量的数据进行描述、解释、分析和预测等现象或行为。数理统计和模型构建是定量研究方法的两大类别。其中,数理统计主要包括数理分析、统计分析与量化分析。

一般而言,根据定量研究的定义及研究过程,可以看出其具有数量性、客观性、科学性、严密性、简化性五方面特征。

1)数量性:定量研究是指在旅游调查过程中,使用数字、符号、公式、图表等可视化数学语言将收集到的数据进行表达分析并得出结果。其中,分析的目的在于发现旅游现象的存在及其状态,以此来反映其中的数量特征及关系。

2)客观性:定量研究无法根据研究人员的喜好随意地增减或臆断某些原始信息,而是能够如实地反映所收集的数据资料信息。

3)科学性:尽管定量研究是基于数据进行分析的,但是其实际上是基于统计科学,并运用经验测量、统计分析和建立模型等方法进行分析的研究方法,具有科学依据。

4)严密性:定量分析作为一种统计分析和数量分析,运用严格的数理逻辑方法对多样化的旅游现象进行缜密的逻辑思考和数学运算,具有严密性的特点。

5)简化性:建立在统计科学基础上的定量分析能提炼简化繁杂的数据资料,以精简的数字综合大量的旅游资料,以简洁的形式对旅游数据背后的现象进行描述。

1. 数理统计

数理统计是对一个群体的行为进行研究的定量研究方法,试图找到特定地区的一般特征。作为统计的基础,将调查问卷所获取的信息汇总至统计机构,以记录相关问题的细节。

值得一提的是,统计方法具有定量和定性的双重特征。在实际研究过程中,如果人口普查能够提供足够多的定量信息,那么定性的一面可以通过问卷调查揭示出来。

定量信息侧重于描述整体每个特征的强度,例如到达某一地区的游客人数、停留时间、频率、季节性、目的地—地理分布以及选择的住宿形式。定性信息侧重于客户结构、年龄、社会—专业类别和收入群体、旅行形式、使用的交通工具、产品预定的渠道等。

从国家层面来看,定量研究主要涉及三个问题:国内旅游(国家内部的游客流动)、出境旅游(前往他国的游客流动)和入境旅游(他国前往该国的游客流动)。

在定量研究中,应始终考虑信息的准确性,信息的准确性取决于样本的代表性并依赖于受访者的真实性。考虑到部分国家的统计信息处于长期缺失的状态,不同国家获取信息的方式也存在差异。

继 Baron(1989)后,旅游领域应用最广的统计信息是边境输入统计(为获得关于游客原籍国、停留时间、访问目的、交通工具的信息而进行的特别调查)、住宿统计、交通工具统计、关于旅游活动目的地(国家公园和游乐园、体育和博物馆等)的统计。数理统计会应用于对家庭和个人的各种调查,如经济普查、旅游收入以及其他有用的统计数据(Hapenciuc,2003)。

对旅游业进行更深入的研究需要面向旅游指标体系,这些指标能够提供更详细的旅游部门信息。旅游指标体系可以分为经济潜力与旅游供应指标以及经济绩效指标。其中，经济潜力与旅游供应的指标又可分为物质基础（固定资本量和固定资产—固定资产更新的层次结构、磨损程度、折旧规则、理论最大有效出价/实际出价等）和就业指标（人口和就业结构的统计、牲畜劳动力流动、工作时间等指标）；而经济绩效指标则包含旅游收入、旅游支出、经济效率、旅游需求等指标。

另外，统计分析软件 SPSS 是提升旅游研究效率的绝佳工具，是专门用于数据分析的计算机程序之一，广泛应用于市场营销、实验研究等多个研究领域。除基础的统计分析外，该软件还具有强大的数据管理组件（选择、重新配置、创建新数据）和数据文档管理功能，从而增加了数据类型的灵活度。

2. 模型构建

旅游模型提供了有关旅游空间动态的理论和概念研究。旅游模型的主要类型有旅游流模型和地域空间模型等。

传统的旅游模型，如在 Leiper（1979）提出的旅游系统模型中，假设旅游参与者以协调的方式运作，表明旅游业可以采用自上而下的方法进行控制（McKercher，1999），然而，旅游业本身是一个复杂的系统。传统的旅游模型没有认识到旅游系统中的不确定性、动态性和非线性因素，并不具有较强的适应性与针对性。

近年来，旅游学者构建了更为复杂的模型，用于解释何为旅游业、旅游业的组成以及其中存在的关系和互动。从 Maslow（1954）提出的需求层次理论，Plog（1974）构建的旅游者人格类型模型，到 Mieczkowski（1985）提出的旅游气候指数以及 Klenosky（2002）构建的推拉式旅游框架，这些旅游模型为研究旅游者及其旅游潜在动机提供了有价值的研究参考。

思考题

1. 20世纪上半叶的旅游学研究主要涉及哪两个层面的具体问题？
2. 目前，大部分旅游研究集中于哪些领域？
3. 旅游学的研究对象是什么？
4. 旅游学的研究内容包括哪些方面？
5. 旅游学所涉及的交叉学科有哪些？
6. 旅游学的定性研究方法包括哪些？
7. 旅游学的定量研究方法包括哪些？

参考文献

［1］Aramberri, J. Modern Mass Tourism［M］. Emerald：London, 2010.

［2］Brown, R. M. The business of recreation［J］. *Geographical Review*, 1935（25）：467–475.

［3］Carlson, A. S. Recreation Industry of New Hampshire［J］. *Economic Geography*,

1938（14）：255-270.

[4] Clawson, M. Methods of Measuring the Demand for and Value of Outdoor Recreation [M]. Resources for the Future: Washington D.C., 1959.

[5] Clawson, M. and Knetsch, J.L. Economics of Outdoor Recreation [M]. John Hopkins Press: Baltimore, 1967.

[6] Gilbert, E. W. The growth of inland and seaside resorts health resorts in England [J]. *Scottish Geographical Magazine*, 1939（55）：16-35.

[7] Joerg, W. L. G. Geography and national land planning [J]. *Geographical Review*, 1935（25）：177-208.

[8] Jones, S. B. Mining and tourist towns in the Canadian Rockies [J]. *Economic Geography*, 1933（9）：368-378.

[9] Lucas, R. C. The recreational carrying capacity of the Quetico-Superior Area [M]. USDA Forest Service St Paul: Minnesota, 1964.

[10] McMurray, K. C. The Use of Land for Recreation [J]. *Annals of the Association of American Geographers*, 1930（20）：7-20.

[11] Meinecke, E. P. The Effect of Excessive Tourist Travel on California Redwood Parks [M]. California State Printing Office: Sacramento, 1929.

[12] Tribe, J. The indiscipline of tourism [J]. *Annals of Tourism Research*, 1997, 24（3）：638-657.

[13] Ullman E. L. and Volk, D. J. An operational model for predicting reservoir attendance and benefits: Implications of a location approach to water recreation [J]. *Papers of the Michigan Academy of Science, Arts and Letters*, 1961（47）：473-484.

[14] Wagar, J. The Carrying Capacity of Wildlands for Recreation [M]. Washington D.C.: Society of American Foresters, 1964.

[15] Williams, A. V., Zelinsky, W. On some patterns in international tourist flows [J]. *Economic Geography*, 1970（46）：549-567.

[16] 吴必虎，张骁鸣. 旅游学科的理论和方法基础 [J]. 旅游学刊，2016, 31（10）：16-18.

[17] 张朝枝. 定性旅游研究：表达规范与反思——基于2000—2013年《旅游学刊》载文分析 [J]. 旅游学刊，2017, 32（1）：89-98.

[18] 陈向明. 质的研究方法与社会科学研究 [M]. 北京：教育科学出版社，2000.

[19] 王德刚. 试论旅游学的研究方法 [J]. 旅游科学，2000（2）：5-7.

[20] 申葆嘉. 论旅游学的研究对象与范围 [J]. 桂林旅游高等专科学校学报，1999（3）：3-5.

第二章 旅游活动

学习目标

本章对旅游活动的定义、类型及特点等内容进行了介绍，旨在使读者掌握旅游活动的概念性定义与操作性定义，了解旅游活动的类型划分，知晓可替代性旅游与新兴的旅游活动类型，了解且掌握旅游活动的特点。

主要内容

1. 旅游活动的概念性定义与操作性定义。
2. 旅游活动的类型划分及主要类型。
3. 旅游活动的特点。

第一节 旅游活动的界定

一、旅游活动的概念性定义

旅游活动最早的概念性定义之一是由两位旅游研究先驱者 Hunziker 和 Krapf（1942）提出的，并将其定义为"非居民旅行和暂时居留所产生的关系和现象的总和，只要暂时居留不会导致永久居留，也不与任何永久或临时收益活动相联系（a sum of relationships and phenomena derived from the trip and stay of non-residents, insofar as a stay does not lead to permanent residence and is not connected to any permanent or temporary gains activity.）"。尽管在当下看来，该定义存在一定的缺陷，但在相当长的一段时间里，这一定义被旅游科学专家国际联合会（AIEST）普遍接受。AIEST 在 1981 年于英国卡迪夫举办的年会上再次讨论了这一定义，并且在该界大会上接受了如下定义："旅游活动是指在非永久性住所的停留所产生的关系和现象的总和——既不是工作，也不是休闲，也不是商业活动或研究。"

英国旅游协会在 1979 年通过了一个基于 Burkart 和 Medlik（1974）理论研究的定义：

第二章 旅游活动

"旅游活动被认为包括人们在短期内临时离开他们通常居住和工作的地方，以及与他们在这些目的地暂留期间的活动有关的任何活动。"

基于以上定义，旅游活动具有以下 5 个特点：

1）旅游是关系和现象的混合体，而不是单一的现象或单一的关系。
2）这些关系和现象源于在不同的目的地的旅行和停留。
3）旅行和停留是在通常居住和工作地点以外的目的地进行的。
4）在短期内，迁往目的地是暂时的。
5）游客前往旅游目的地的目的与有偿工作无关。

二、旅游活动的操作性定义

旅游活动的操作性定义的主要诉求是建立适当的统计标准，以便于对旅游活动进行量化操作。如果从旅游活动的概念性定义来看，商务旅行往往也被纳入旅游活动的范畴，因为它们符合旅游活动概念性定义的特点。事实上，商务旅游者与那些以娱乐作为旅游目的的普通旅游者具有明显的差异。然而，大多数酒店经营者并不能很好地区分普通旅游者和商务旅游者。鉴于此，界定旅游活动的操作性定义对于旅游统计工作具有重要意义。

为便于进行国际统计，"旅游者"这一概念于 1963 年联合国旅行和旅游会议上被界定为"在惯常居住地以外的国家旅行，而旅行的目的不是从旅游目的地获得一份有报酬的职业的任何人"。

这一定义包括两类群体：其一是游客，即在到访国停留时间超过 24 小时的短期旅客，其目的可分为两类：①休闲（娱乐旅行、度假旅行、保健旅行、学习旅行、宗教旅行和体育旅行）；②商务差旅、家庭旅行、任务型旅行以及会议旅行。其二是徒步旅行者，即在到访国停留时间不超过 24 小时的临时旅客（包括游轮乘客）。其中，统计数据将法律意义上不入境的旅客（如不离开机场交通区域的航空旅客）排除在外。

然而这一定义忽视了在一个国家内部的旅游活动。例如，从北京到南京游览的旅游者（国内旅游）和从东京到南京游览的旅游者（国际旅游）一样，都是游客。

20 世纪 90 年代初，经过多个国际组织长时间的讨论，联合国统计委员会重新拟定了旅游活动的操作性定义："旅游包括在惯常环境以外的地方旅行和停留不超过一年的人的活动，这些活动不超过一年，其目的包括休闲、商业以及其他与有偿活动无关的动机。"

这一定义与此前的定义存在以下两个方面的差异：第一，确定了停留时间的上限为一年；第二，"惯常居住地"改为了"惯常环境"。在新定义中，"惯常环境"是一个关键因素。因此，一个人的惯常环境是他们的工作或学习地点和经常去的地方。界定惯常环境包含以下几个要素：

- 频率：惯常环境是一个人经常到访的地方。
- 距离：位于一个人的居住地附近的地方是惯常环境的一部分。
- 时间：从离开居住地到返回所需的时间。

在此基础上，世界旅游组织（UNWTO）将旅游活动正式定义为"出于有偿活动以外的原因，在超过24小时和不到一年的时间内将人们移出他们的惯常环境的行为"。

第二节　旅游活动的类型

一、旅游活动的类型划分

1. 旅游活动的类型化研究

旅游活动的类型化研究可以追溯到1939年，Poser将旅游类型划分为过境旅游（Tourism by Transit）、夏季休闲（Summer Relaxation）、冬季运动（Winter Sports）及短途休闲（Short Distance Relaxation）四种类型。

Hunziker和Krampf（1941）依据旅游活动的目的将旅游活动划分为旅游休息和治疗（Travel for Rest and Treatment）、朝圣（Pilgrimage）及科学知识（Scientific Knowledge）等类型。

Jülg和Ruppert（1965）以及Maier（1970）将旅游活动一致划分为六种类型：旅游娱乐（Tourism Recreation）、治疗（Therapy）、参观（Visitation）、缩短距离放松（Reduced Distance Relaxation）、旅游过境（Transit by Tourism）及专业旅游（Professional Tourism）。

2. 不同标准下的旅游活动类型划分

旅游活动可以根据不同的标准进行划分：

从旅游活动的出发地和目的地层面来看，旅游活动可以划分为国内旅游（Domestic Tourism）与国际旅游（International Tourism）。其中，国际旅游又可以分为入境旅游（Inbound Tourism）与出境旅游（Outbound Tourism）。

从旅游活动的参与人数层面来看，旅游活动可以划分为个人旅游（Individual Tourism）与集体旅游（Group Tourism）。

从旅游活动的组织情况层面来看，旅游活动可以划分为跟团游（Organized Tourism）、半自助游（Semi-organized Tourism）、自助游（Unorganized Tourism）。

从旅游活动的交通工具层面来看，旅游活动可以划分为火车旅游、汽车旅游、邮轮旅游、高铁旅游、航空旅游等。

二、替代性旅游的主要类型

可替代性旅游（Alternative Tourism）是基于传统认知中的大众旅游而提出来的新型概念，也被称为可选择性旅游。大众旅游被认为是一种传统的旅游发展形式，短期自由市场原则占据主导地位，利益最大化被视为至高无上的目标。可替代性旅游包括可持续旅游（Sustainable Tourism）、乡村旅游（Rural Tourism）、探险旅游（Adventure Tourism）、文化旅游（Cultural Tourism）、生态旅游（Ecotourism）等一系列旅游模式，旨在为传统旅游寻找更好的可替代的发展模式，减少旅游活动对生态环境的破坏，实现旅游业可持续发展；同时，平衡协调当地居民与旅游者之间的关系，促进旅游业向好的方面发展。

1. 可持续旅游

（1）可持续旅游的界定

可持续旅游（Sustainable Tourism）是在不影响子孙后代满足自身需求的情况下，满足旅游者、旅游业和接待社区需求的旅游形式。世界旅游组织认为可持续旅游应最大化利用构成旅游业发展关键要素的环境资源，维持基本的生态进程，并帮助保护自然遗产和生物多样性。尊重东道社区的社会文化真实性，保护其建筑和生活文化遗产以及传统价值观，促进跨文化理解和容忍。确保可行、长期的经济运作，向所有利益相关者提供社会经济利益，使利益相关者得到公平分配，提供稳定的就业和赚取收入的机会和社会服务，并为减贫做出贡献。基于上述认知，世界旅游组织将可持续旅游定义为"既能满足现时游客和旅游目的地的需要，又能保障和增加未来的机会，对所有资源进行管理，使经济、社会和美学需求得以满足，同时，保持文化完整性、基本的生态进程、生物多样性和生命维持系统的旅游活动"。

（2）可持续旅游的原则

1991年，世界自然基金会（WWF）发布了十条可持续旅游的原则：

第一，以可持续方式利用资源。保护和可持续利用自然社会和文化、资源是至关重要的，而且具有长期商业意义。

第二，减少过度消费和浪费。减少过度消费和浪费有利于保护地球资源，且是保持旅游业可持续发展的重要举措，并有助于提高旅游业的质量。

第三，维持生物多样性。保持和促进自然、社会和文化多样性对于长期可持续的旅游业发展至关重要，并为旅游业创造了一个具有复原力的基础。

第四，将旅游业纳入规划。将旅游业发展纳入国家和地方战略规划框架，并进行环境影响评估，从而提高旅游业的长期生存能力。

第五，支持地方经济。旅游业支持广泛的地方经济活动并考虑到环境成本和价值，既要支持经济发展，又要避免环境的破坏。

第六，让当地社区参与。当地社区充分参与旅游部门，不仅有利于社区居民和社区环境，而且提高了旅游体验的质量。

第七，咨询利益相关者和公众。充分协调旅游业利益相关者及社会大众之间的潜在冲突，有助于旅游业长期稳定发展。

第八，培训人员。在发展可持续旅游的同时，将工作人员培训纳入工作内容，从而提高了旅游产品的质量。

第九，负责任地营销旅游。向旅游者提供全面和负责任的信息的营销有助于加强对目的地地区自然、社会和文化环境的尊重，并提高旅游者的满意度。

第十，从事研究。业界基于有效的数据收集和分析进行相关研究和监测，对于帮助解决问题以及为目的地、行业和消费者带来利益至关重要。

（3）可持续旅游的三个维度

旅游业的发展对社会、环境及经济三方面都产生一定的影响，而在旅游业发展过程中，会带给这三个方面正向及负向的影响。简单来看，环境影响是消极层面的，经济影响是积极层面的,而社会影响是两者的结合,然而,同样重要的是,人们要认识到,可持续旅游的三个维度——环境、经济和社会层面之间存在着明确的联系,如图 2-2-1 所示。

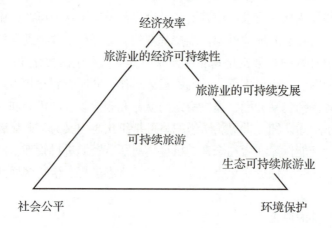

图 2-2-1 可持续旅游的三个维度

(资料来源:根据 1995 年可持续旅游发展世界会议通过的《可持续旅游发展宪章》改编。)

2. 乡村旅游

(1)乡村旅游的界定

一般而言,乡村旅游(Rural Tourism)是指旅游者前往乡村地区(相对于城市区域而言)进行旅游活动。除乡村旅游(Rural Tourism)这个名称外,另有许多学者称其为农业旅游(Agritourism)、农场旅游(Farm Tourism)、软性旅游(Soft Tourism)等。

乡村旅游可以定义为旅游者以休闲和娱乐为唯一目的,从正常居住地到乡村地区的流动,流动时长至少为 24 小时,最长为 6 个月。Dernoi(1983)提出"乡村旅游是在非城市地区的旅游活动,在那里与土地有关的经济活动(主要是农业)正在进行。永久性居民的存在是一个必然要求"。

乡村旅游的发生地点位于乡村地区,其不仅拥有大量的开放空间,可以与大自然亲密接触,而且极具乡村特色,拥有传统的风俗习惯,与原住民具有紧密的联系;但是由于受制于乡村的规模,因此在建筑面积和产业规模等方面相对较小。乡村旅游具有可持续发展的属性;在某种意义上,乡村旅游的发展应有助于维持一个地区的乡村性质,其发展基础是乡村资源利用的可持续性。

(2)乡村旅游的类型与形式

乡村旅游有诸多不同的类型,任何展示乡村地区的文化与生活并使当地社区在经济和社会方面受益,而且可以使旅游者和当地人之间的互动更为丰富的旅游活动,都可列入乡村旅游的范畴。乡村旅游的类型和形式如下:

农业旅游: 涉及与农业环境、农业产品直接相关的旅游类型,也称观光农业,以乡村地区丰富的农业资源为基础进行旅游产品开发,以农业资源为依托发展旅游。

森林旅游: 旅游者在森林旅游中,前往野生动植物的自然栖息地观察和拍摄动物。森林旅游基于野生动物和自然的非消耗性互动，如露营、观鸟、徒步旅行等。

绿色旅游： 绿色旅游更多地被用来描述比传统的大众旅游更环保的旅游形式，是乡村旅游的重要形式。绿色旅游寻求与其赖以生存的物质和社会环境发展共生关系，并含蓄地寻求实现可持续发展的目标。

（3）乡村旅游的效应

乡村旅游是当前旅游者较为热爱的一种旅游形式，其凸显了国家对农村发展的高度重视，在乡村旅游的发展过程中对当地经济发展、居民参与、设施建设、生态保护等方面都具有积极的影响。

乡村旅游的效应如下：
- 为乡村地区提供替代性或补充性收入和就业来源。
- 促进乡村地区基础设施的建设。
- 重振乡村文化，实现乡村振兴。
- 强化乡村居民认同，团结实现共同发展。
- 对乡村生态保护做出贡献。
- 提高当地社区的生活水平。

（4）乡村旅游的挑战

乡村旅游所面临的主要问题和挑战在于：对自然环境与自然资源的保护；农村野生动物的自然栖息地破坏、旅游者产生的垃圾以及其他形式的污染对于自然环境的影响；发展旅游导致的物价上涨；在发展旅游过程中存在制造当地的文化以进行商品化和舞台真实性的问题，以及其对于本土文化的影响。

3. 探险旅游

（1）探险旅游的界定

探险旅游（Adventure Tourism）是指人们进行探险或到偏远地区进行一系列具有挑战性的项目和极限运动，如登山、蹦极、滑翔伞、速降、攀岩等，其中大部分是在户外进行的。将冒险旅游与所有其他形式的旅游区分开来的主要因素是所涉及的规划和准备。探险旅游要求旅游者具有敢于冒险的精神，在旅行前接受特殊的训练并具备一定的生存技能。

世界探险旅游协会（Adventure Travel Trade Association）将冒险旅游定义为"是一种包括体育活动、文化交流或自然活动在内的旅游活动"。加拿大旅游委员会于1995年将探险旅游定义为"一种户外休闲活动，发生在不寻常、异国情调、偏远或荒野的目的地，涉及某种形式的非传统交通工具，而且往往与不同水平的户外活动有关"。

（2）探险旅游的分类

根据风险程度，可以将探险旅游划分为困难探险（Hard Adventure）与软性探险（Soft Adventure）两大类。其中，困难探险指的是高风险的探险旅游活动，需要丰富的经验和先进的技能；困难探险包括登山、攀岩、徒步旅行、蹦极等风险性较高的活动形式。软性探险是指风险水平低的探险旅游活动，这些活动大多由经验丰富的导游领导。软性探险包括野营、定向越野、潜水、滑雪、冲浪、远足、皮划艇等风险性较低的活动形式。

（3）探险旅游的特点

探险旅游的特点是能够为游客提供相对较高水平的感官刺激。这种刺激通常是通过在旅游体验中包含身体上具有挑战性的体验成分来实现的。探险旅游通过允许旅游者走出他们的舒适区域进而进行一些具有挑战性的活动，从而使其获得很多乐趣，满足自己的欲望。

4. 文化旅游

（1）文化旅游的界定

文化旅游（Cultural Tourism）的范畴较为宽泛，包括遗产旅游（Heritage Tourism）、艺术旅游（Arts Tourism）、民族旅游（Ethnic Tourism）等多种旅游活动类型。

由于文化旅游活动的性质较为广泛，对其定义也存在颇多争议。其中，McKercher和Du Cros（2002）确定了四种不同类型的文化旅游定义：旅游衍生定义（Tourism Derived Definitions）、动机定义（Motivational Definitions）、经验定义（Experiential or Aspirational Definitions）和操作定义（Operational Definitions）。旅游业衍生定义主要从旅游业或旅游系统的角度看待文化旅游，文化旅游只是利用旅游业基础设施的又一个细分市场。相比之下，动机定义通常从游客旅行的原因出发进行界定。经验定义说明了文化旅游体验的本质，试图从概念上理解文化旅游的本质，而操作定义侧重于识别文化旅游者，用于衡量文化旅游活动的规模或范围。以这种方式构建不同的定义方法，可以清楚地说明为什么无法采用单一的文化旅游定义，关于文化旅游哪一种定义更为合适取决于读者的视角和目标。

从概念定义上来看，McIntosh和Goeldner（1994）认为，文化旅游包括"旅行的所有方面，旅游者借此了解他人的历史和遗产，或他们当代的生活方式或思想（All aspects of travel, whereby travellers learn about the history and heritage of others or about their contemporary ways of life or thought.）"。国际博物馆理事会（ICOMOS）在《文化旅游宪章》中将文化旅游定义为"意在发现古迹和遗址的旅游形式（That form of tourism whose object is, among other aims, the discovery of monuments and sites）"。1999年，文化旅游定义被进一步扩大为"到另一个地方的任何形式的旅游，游客体验旅游目的地的文化，包括生活方式、食物、地形、环境、城镇和村庄，以及其历史遗址和文化表演"。但事实上，所有的旅游都可以归属于这种文化旅游的定义，因此其如此广泛，对识别、衡量或管理这一现象毫无用处。

为了试图阐明文化旅游的含义，Richards（1996）提出了一个基于旅游者消费文化方式的概念定义："人们为了收集新的信息和经验以满足其文化需求而离开其正常居住地前往文化景点的活动。"根据这一概念定义，文化旅游不仅包括历史文化产品的消费，还包括当代文化或一个民族或地区的生活方式。因此，文化旅游可被视为涵盖与过去的文物相关的"遗产旅游"（Heritage Tourism）和与当代文化生产相关的"艺术旅游"（Arts Tourism）。

基于此，Atlas提出的文化旅游概念定义是："人们离开正常居住地前往文化景点，目的是收集新的信息和经验,以满足他们的文化需求。"世界旅游组织将文化旅游定义为"以参观具有文化和历史价值的景点和活动为主要或伴随目标的旅行"。文化旅游能够为旅游者提供享受过去人类成就的机会,对到访文化旅游目的地产生钦佩和民族自豪感并重新发现祖先的成就。

(2)文化旅游的资源

文化旅游主要围绕特定国家或地区的文化、历史以及特定环境下人们的生活方式进行。城市地区的文化旅游活动主要包括参观文化名胜古迹与博物馆等文化场所,而乡村地区的文化旅游活动主要体现为到访乡村居民聚集区,体验乡村生活及乡村居民的传统文化。其中,非物质文化遗产是文化旅游资源的一个重要方面,通过世代传播并不断地重新创造,它们为人类提供了一种认同感和连续性。

文化旅游委员会(ECTARC)将文化旅游所涉及的资源划分为:①考古遗址和博物馆②建筑(废墟、著名建筑、整个城镇)③艺术、雕塑、工艺品、画廊、节日、活动④音乐和舞蹈⑤戏剧⑥语言和文学研究、旅游、活动⑦宗教节日、朝圣⑧完整的(民间或原始)文化和亚文化。学者Munsters(1996)将文化旅游资源分为景点与活动两大类别,其中景点包括古迹、博物馆、路线、主题公园;活动包括文化历史事件、艺术事件。2012年世界旅游组织将文化旅游资源划分为六个类别:①手工艺品与视觉艺术(Handicrafts and Visual Arts)②美食与烹饪(Gastronomy and Culinary)③社会习俗、仪式和节日活动(Social Practices, rituals, and festive events)④音乐和表演艺术(Music and performing arts)⑤口头传统与表达(Oral Traditions and Expressions)⑥关于自然的知识和实践(Knowledge and Practices Concerning Nature)。这些文化旅游资源是文化旅游发展的基础与关键。

(3)文化旅游的开发

世界旅游组织针对文化旅游的开发提出了一系列方法指导。

● **定义旅游产品**:为文化景点创造专用空间和设施;合并或捆绑创造一个具有更强市场吸引力的主题;开发新的旅游线路或遗产网络;使用或振兴节日;运用促销策略解决季节性问题;了解特定文化产品的市场细分。

● **确定利益相关方并建立参与机制**:以一种包容性的方式使利益相关方参与到文化旅游的设计与开发进程中,通过一系列的调查与沟通,使利益相关方以一种积极且有组织的方式参与。

● **保持真实性**:商业化对文化的延续性构成了挑战和威胁。在文化旅游开发的过程中必须保持谨慎,始终认真考虑原住民的需求,以免文化被过度商业化、商品化。

● **建立伙伴关系**:文化旅游开发过程中需要与当地政府、非政府组织和原住民建立伙伴关系,以便于帮助文化旅游开发。

● **设定"可接受改变的限度"**:旅游目的地相关参与主体之间存在各种利益关系。因此良好的沟通与对话是必要的,以创造"双赢"的局面并确保所有利益相关方都得到公平的对待。

● **平衡教育与娱乐**:最好的体验要实现在教育和娱乐之间取得平衡,而且往往是通过娱乐进行教育。

● **追求长期而非短期利益**：文化旅游开发的关键是创建一个可持续的项目，为社区提供长远的利益。开发当地社区及其文化的项目通常会为了短期利益而牺牲长期生存能力。这种做法往往会对环境造成破坏，而且并不利于长远的经济发展。

● **监测和测量**：文化旅游开发过程中需要通过监测和测量落实开发进程以及了解参与率、参与动态、人口统计和项目投资回报率对项目进行评估。

5. 生态旅游

（1）生态旅游的界定

生态旅游（Ecotourism）属于近些年新兴的说法，对其并没有统一的定义。生态旅游协会认为生态旅游是"具有责任感的、到访自然地区的旅行，这样既能保护环境，又能改善当地人民的福祉"。澳大利亚将生态旅游定义为"以自然为基础的旅游，涉及对自然环境的教育和解释，并且在生态上是可持续的"。Ceballos-Lascurain（1996）认为生态旅游是"前往相对不受干扰或未受污染的自然地区旅行，其具体目的是研究和欣赏这些地区的风景和野生动植物，以及这些地区现有的文化表现形式"。

（2）生态旅游的特点

生态旅游是指出于对旅游地生态环境的尊重，以小规模、保护性的出游方式前往脆弱、原始以及受到保护的旅游目的地的一种旅游活动。生态旅游的兴起依赖于旅游者环境保护意识的提高，其为当地旅游业经济绿色健康发展做出了极大的贡献。

生态旅游的一些重要特点如下：

● **到自然目的地的旅行**。这些目的地往往处于偏远地区，无论是否有人居住，通常受到某种程度的保护。

● **最小化影响**。人们在选择前往旅游目的地开展旅游活动之后，就会在一定程度上不可避免地对目的地环境产生损害。发展生态旅游可以利用可循环利用的材料或可再生能源，进行废物和垃圾的回收和安全处置，最大限度地减少旅馆等其他旅游基础设施的不利影响。

● **树立环保意识**。强化旅游者与目的地居民的保护意识。在旅游开始之前，旅游经营者应向旅游者提供有关旅游目的地所在国家与环境的阅读材料，以及旅游者本身应遵守的行为守则。

● **为保护环境提供直接的经济利益**。生态旅游通过各种机制为环境保护、研究和教育筹集资金，包括门票等入场费，旅游公司、酒店收入，以及捐款捐赠。

● **为当地居民提供经济利益和赋权**。生态旅游认为，自然保护区存在的前提是当地社区参与并获得经济收入和其他有形利益（如水电等基础设施、道路、医疗诊所等旅游设施）。

● **尊重地方文化**。与传统旅游相比，生态旅游不仅"更环保"，而且在文化上也不那么具有侵略性和剥削性，力求尊重旅游目的地的地缘文化和居民。

（3）生态旅游的原则

生态旅游协会给出了生态旅游的原则和指导方针。在进行旅游活动前，旅行者应为每一次与旅游目的地文化和动植物的接触做好准备，尽量减少对于自然环境及社会文化的负面影响。此外，旅游团队应尽量减小对旅游目的地的影响，避免出现因组织管理不善导致超出生态旅游目的地的环境承载力。生态旅游作为一种可持续性的旅游活动，为当地社会和文化带来直接利益，并向游客提供积极的教育体验。

三、特殊类型的旅游活动

1. 城市旅游

根据世界旅游组织的定义，城市旅游（Urban Tourism）是指"一种在城市空间进行的旅游活动，其固有属性是以非农业为基础的经济，如行政、制造、贸易和服务，并以城市作为交通节点。城市目的地为休闲和商务提供广泛多样的文化、建筑、技术、社会和自然体验和产品"。

根据联合国发布的相关数据，2015年，生活在城市地区的人口比例占到了世界人口的54%，到2030年，这一比例预计将上升到60%。旅游业是世界上许多城市的经济、社会生活和地理的核心组成部分，因此也是城市发展政策的一个关键要素。城市旅游可以成为许多城市和国家发展的驱动力，有助于推进《新城市议程》和17项可持续发展目标，特别是目标11"使城市和人类住区具有包容性、安全性、复原力和可持续性（Make cities and human settlements inclusive, safe, resilient and sustainable.）"。旅游业与一个城市自身的发展有着内在的联系并为其居民和旅游者提供更多更好的生活条件。若要发挥旅游业作为城市可持续增长的动力，就需要将城市旅游业的可持续发展和管理纳入更广泛的城市议程。

2. 体育旅游

旅游业和体育之间互相关联且相辅相成。体育旅游（Sports Tourism）作为一种专业的、业余的或休闲的活动，需要在不同的目的地和国家进行大量的旅游活动和体育赛事。奥运会、足球和橄榄球锦标赛等重大体育赛事本身已成为重大的旅游景点，为主办国的旅游形象做出了非常积极的贡献。

体育旅游的基础是体育运动以及体育运动过程中所带来的对兴奋与愉悦的享受。越来越多的旅游者在旅行中对体育活动感兴趣，旅游目的地也通过开展各种类型和规模的体育活动吸引旅游者到访。奥运会和世界杯足球赛等大型体育赛事作为旅游业发展的催化剂，能够在目的地品牌、基础设施发展和其他经济和社会利益方面成功地发挥作用。如今，足球、篮球、网球、橄榄球等众多运动在世界范围内得到了广泛的普及，如各类大型体育赛事以及年度的巡回赛。人们通过前往不同的赛事举办地观看比赛，为目的地带来了可观的经济效益。

3. 美食旅游

随着全球旅游的兴起和旅游目的地之间的竞争愈演愈烈，独特的地方和区域非物质文化遗产日益成为吸引旅游者的重要因素。对于许多旅游目的地来说，独具特色的美食制作是其历史和身份的组成部分，并已经成为这个国家品牌形象的关键因素。因此，美食旅游（Gastronomy Tourism/Food Tourism）有助于促进目的地的推广和品牌建设，以及维护当地传统文化的多样性。

旅游者在美食旅游的过程中能够体验到与食物及相关产品和活动有关的经验。除此之外，美食旅游还可能涉及其他与美食体验相关的活动，如访问当地生产者、参加食品节和参加烹饪课程。葡萄酒旅游（Wine Tourism）作为美食旅游的一个子类型，是指目的是参观葡萄园、酿酒厂的旅游活动，其旅游目的地通常是在葡萄酒产地附近。

4. 购物旅游

购物在旅游活动中扮演着举足轻重的角色，发展以购物为主的旅游形式势在必行，即购物旅游（Shopping Tourism）。购物已成为影响目的地选择的决定性因素，是整个旅行体验的一个重要组成部分，在某些情况下也是主要的旅行动机。因此，目的地有巨大的机会利用这一新的市场趋势。通过发展真实和独特的购物体验，可以迅速提高旅游目的地的旅游吸引力，同时，更好地塑造其旅游品牌和定位。更为重要的是，购物是旅游者支出的主要类别之一，方式为直接或通过与经济中其他部门的许多联系，是国民经济的一个重要收入来源。

5. 医学旅游

医学旅游（Medical Tourism）也称（医疗旅游），是指旅游者为获得适当的医疗和治疗到另一个地方的旅游活动，旅游者常见的医疗目的包括牙科护理、关节置换、整容整形等医疗，一些特殊的旅游者还会通过旅行的方式寻求精神病治疗。医学旅游的旅游者是为了在旅游目的地获得医疗的病人，不包括健康旅游者以及在居住国寻求护理的外籍人员。医学旅游有助于人类文明的健康发展和人民生活水平的提高，能够创造更多的医疗工作以及更多的医疗设施，帮助人们参与全球医疗保健，从而提高全球医疗保健标准。

生育旅游（Birth Tourism）是医学旅游的一种特殊形式，其目的是在另一个国家生育后代，从而使旅游者所生育的孩子自动成为目的地国家的公民。尽管这种旅游活动并不光鲜，但在贫穷、不发达的国家或地区，富裕阶层往往是这种旅游活动的忠实拥趸，借助生育旅游使他们的后代成为发达国家的公民从而获益。

6. 最后机会旅游

最后机会旅游（Last Chance Tourism）有时也被称为末日旅游（Doom Tourism），是指前往那些受到环境或人类活动威胁的旅游目的地的旅游活动。当人们知道某种独特的自然景致已经濒临消失，人们的本能反应就是在还能看到时赶紧去看一看。例如，全球气候变暖导致海平面上升，进而使冰川面积锐减，而人类活动也会对海洋种的珊瑚礁带来不可逆转的破坏。最后机会旅游的初衷是敦促人们在受到威胁的旅游景致永远消失之前去参观，然而一些批评人士认为，这种类型的旅游活动实际上可能会加速那些已经受到威胁的旅游景致的消失进程。

7. 太空旅游

太空旅游（Space Tourism）是一种新兴的旅游活动类型，包括为了娱乐或商业目的进行的太空旅行。许多私营航空公司如 XCOR、Blue Origin、Virgin Galactic 研制了用于太空旅游的亚轨道飞行器，但这种旅游活动类型仍处于发展阶段。尽管太空旅游因其高昂的成本和所受到的法律限制，旅游客群相对有限，但其出现让少部分旅游者能有机会实现宇宙探索的梦想。

8. 虚拟旅游

虚拟旅游（Virtual Tourism）是指旅游者在互联网虚拟环境进行的"体验"旅行，并不具有传统意义上的旅游流动性。虚拟旅游者通过互联网信息技术进行虚拟游览，消除了时间、距离和旅游成本等方面的影响。尽管虚拟旅游永远无法取代真正的旅游，但是这种旅游方式可以有效吸引旅游者前往他们在虚拟环境中所到访过的地方进行实际的旅游，在某种意义上有助于旅游业的发展。

第三节　旅游活动的特点

旅游活动是指旅游者在旅游的过程中，通过各种辅助设施、服务等进行的体验性活动，其不仅具有无形性、易变性、不可分割性和不可转移性，而且具有季节性。

- **无形性**

无形性（Intangibility）是旅游活动的关键特征之一。旅游活动看似是有形的活动，但是其实际上是一种无形的体验与经历。有形的商品可以展示，用户甚至可以在作出购买决定之前进行测试和试验。而旅游者无法在实际购买行动之前对旅游活动进行预体验，无法在旅游体验之前感知旅游服务，对旅游服务的正面或负面意见只有在旅游过程完成后才会得出。即在实际的旅游行为发生之前，旅游活动是看不见也无法体验的。

- **易变性**

旅游产品与服务不能存储以供日后销售或使用，即易变性（Perishability）。没有人住的酒店房间、未售出的飞机座位，这些旅游产品都无法再创造价值。由于服务是性能，所以不能存储它们。未使用或未充分利用的服务都被认为是一种浪费，因此，在旅游活动中平衡供需关系至关重要，其目的是使服务提供者能够营利，而旅游者能够获得所需的服务。

- **不可分割性**

旅游产品与服务是同时产生并提供给旅游者的，产品的生产与销售是可以分割的，可以在某一个地点进行生产，然后在其他地点进行销售，然而，旅游产品与服务的生产与销售是具有不可分割性（Inseparability）的，其生产与销售是同时同地进行的，二者不可分割。

- **不可转移性**

旅游产品与服务是旅游供给者提供给需求者的服务体验，本质上是无形的，并不能够像有形商品那样实现所有权的转让，即不可转移性（Ownership）。出售的商品随着地点的转移，所有权也实现了转让，而旅游服务是无法带走的，因此具有不可转移性。

- **季节性**

旅游活动的季节性（Seasonality）显而易见，Butler（1997）给出了旅游季节性的一个最重要和最常用的定义："季节性是旅游现象中的一种时间上的不平衡，可以用游客数量、旅游者支出、高速公路交通和其他交通方式、就业和景点门票等要素来表示。"

导致旅游活动出现此种特性的原因主要是自然因素与社会因素。自然因素是指旅游目的地的自然气候变化，诸如天气、温差、降雨量和其他自然现象会显著影响旅游业的季节性。自然因素造成的季节性影响对于那些在户外活动占主导地位的旅游目的地更为明显。导致旅游活动季节性的社会因素主要包括季节性假期、国家法定节假日等。以学生或家庭出行为主要客群的旅游目的地往往会在寒暑假迎来旅游旺季，而五一小长假、十一黄金周等法定节假日衍生的假期则会给旅游景区带来较大的客流量。

- **综合性**

旅游者进行完整的旅游活动需要多部门多行业共同合作。旅游者进行旅游活动至少包括旅游六要素（吃、住、行、游、购、娱）中的一个要素，每个要素都代表着不同的行业或部门，即综合性（Interdependence）。以六要素中的"行"为例，旅游活动的进行与交通业相互支撑。精心组织和安排的交通为其旅游景点提供了额外保障，只有交通得到均衡发展才能为旅游业提供优质高效的支持，而旅游业的高速发展可以促进交通业的蓬勃发展。旅游和交通的联系并不仅限于旅游出发地和旅游目的地之间的交通，还延伸到旅游出发地和旅游目的地两者当地的交通。另外，旅游目的地的交通在一定程度上影响了旅游者的体验，该影响可以是积极的，也可以是消极的。因此，交通在旅游目的地的总体吸引力中也占有一席之地。

- **异质性**

异质性（Heterogeneity）反映了服务提供的高度可变性（Zeithaml，1985）。对于旅游活动而言，这是一个特别的问题，因为服务是由不同的人和组织提供，人们的表现可能每天都不同。Onkvisit和Shaw（1991）认为，异质性可以提供一定程度的服务的灵活性和个性化。Wyckham（1975）认为异质性可以作为一种优势和差异化点引入。旅游是由不同的异质部分组成的，每个旅游要素都有很多选择。同样是提供住宿，为了获得竞争优势，酒店可能会尝试为旅游者提供与众不同或者独特的服务或福利，以获得其青睐。

思考题

1. 旅游活动的概念性定义侧重于什么方面？
2. 从旅游活动的出发地和目的地层面来看，旅游活动可以划分为哪几类？
3. 替代性旅游的主要类型包括哪几类？
4. 旅游活动具有哪些特点？

知识拓展

从短途禁酒旅行到西班牙豪饮套餐，托马斯·库克的百年旅行史

2019年9月，英国历史最悠久的旅游公司之一托马斯·库克（Thomas Cook）宣布破产。

历史可以追溯到178年前，当时的托马斯·库克旅行社被很多人认为是世界上第一家旅行社，其创始人托马斯·库克也因开创了名为 Package Tour 的团队旅游的模式而被称为"现代旅游之父"。

经历了两次世界大战、六代英国君主更迭、苏联的兴衰、百年来人们生活方式的变迁，这家旅行社"见证了太多事情"。

1808年，托马斯·库克出生在英国德比郡的墨尔本。1826年2月，他成为一名浸信会传教士，1833年元旦宣誓戒酒。作为禁酒运动的一部分，他组织会议和举行反酒游行。库克在1841年成立了旅行社，开始为其他信徒组织参加禁酒运动的旅程，第一次尝试是在夏天从莱斯特到拉夫堡的短途火车旅行，票价为每人一先令①。

在接下来的三个夏天，库克安排了一系列的旅行，带着旅客去到了英国的莱斯特、诺丁汉、德比和伯明翰。四年后，他组织了第一次境外旅行，带着人们从莱斯特前往法国加来。19世纪60年代，他们的足迹到了瑞士、意大利、埃及和美国。

托马斯·库克旅行宣传库克旅行社的事业在1872年到达顶峰，这一年，63岁的库克离开莱斯特开始一场为期约八个月的环球旅行。一直以来，他都梦想着经中国到埃及旅行，但直到1869年年底，苏伊士运河开通以及连接美国东海岸和西海岸的铁路网建成后，这样的旅行才成为现实。

开罗到开普敦的邮轮旅行宣传始于1924年，公司合并为 Thos Cook & Son Ltd.。1926年，其总部从卢德盖特马戏团（Ludgate Circus）搬到了梅菲尔（Mayfair）的伯克利街（Berkeley Street）——曾经的贵族区，现在的伦敦社会中心。1928年，托马斯·库克的孙子弗兰克和欧内斯特出人意料地将公司卖给了比利时的国际货车公司。该公司经营着欧洲大多数豪华火车，包括东方快车（Orient Express）。

第二次世界大战后，托马斯·库克旅行社被收归国有，成为英国国有铁路的一部分。而旅行社也从战后的假日潮中受益——截至1950年，已有100万英国人实现了出国旅行。

1954年宣传飞机旅行。1965年，旅行社营利第一次超过100万英镑，但同时也面临着后来者的竞争。20世纪70年代，托马斯·库克公司再次私有化，挺过了那个年代的经济衰退并于1977年成为米德兰银行所有。1992年，米德兰银行将其出售给一家德国银行及包机航空公司。

20世纪90年代，夏日度假旅行宣布德国最大的旅游集团之一 C&N Touristic AG 于

---

① 1先令≈0.7元。

2001年成为托马斯·库克的唯一所有者，掀开了托马斯·库克的新篇章。在短短几个月的时间里，C&N旅游集团更名为Thomas Cook AG并推出了新的标识和品牌标识。在英国，该公司推出了新的大众市场品牌战略，新品牌托马斯·库克航空公司于2003年3月推出。

而随着互联网时代的到来，面对后来居上的旅游电商的竞争，拖着百年历史进入新千禧年的托马斯·库克显得越发力不从心。

自助游趋势下人们对旅行社的依赖不断减少，而随着廉价航空的崛起以及社交媒体对人们的旅行影响不断增大，托马斯·库克的利润空间越来越小，本想通过收购扩大规模效益，最终却积攒下越来越多负债。

在2019年9月，托马斯·库克集团宣布破产，迎来了百年历史的句号。

（资料来源：腾讯网，https://new.qq.com/omn/20191010/20191010A0NS0I00.html）

参 考 文 献

［1］Bob McKercher, Hilary du Cros. Cultural Tourism: Partnership Between Tourism and Cultural Heritage Management［M］. London: Routledge, 2002.

［2］McIntosh, R. W. and Goeldner, C. Tourism: Principles, Practices, Philosophies［M］. New Jersey: John Wiley & Sons, 1994.

［3］Richards, G. Cultural Tourism in Europe［M］. Wallingford: CABI, 1996.

［4］Ceballos-Lascuráin, H. Tourism, Ecotourism, and Protected Areas: The State of Nature-Based Tourism Around the World and Guidelines for Its Development［M］. World Conservation Union, 1996.

［5］Cannas, R. An Overview of Tourism Seasonality: Key Concepts and Policies［J］. *Culture and Territorial Development*, 2012（5）: 40-58.

［6］Wolak R, Kalafatis S, Harris P. An Investigation Into Four Characteristics of Services［J］. *Journal of Empirical Generalisations in Marketing Science*, 1998, 3（2）.

［7］Mirjana kovačić, Tamara Milošević. Interdependence of Transport and Tourism［J］. *Journal of Maritime & Transportation Sciences*, 2016.

第三章　旅游者

学习目标

本章对旅游者的定义、分类及其特点等内容进行了整理归纳，旨在使读者掌握旅游者的定义、分类及其特点，了解不同机构对相关旅游者的定义和界定范围，掌握旅游需要及动机的相关理论要义，探索激发旅游动机的方法。

主要内容

1. 旅游者的界定范围和现行标准。
2. 旅游者的分类和特点。
3. 旅游者产生的客观条件。
4. 旅游者产生的主观条件。
5. 旅游动机的分类及特点。
6. 旅游需要的相关理论要义。

第一节　旅游者概述

前两章中已经分别介绍了旅游学和旅游活动的相关历史和理论知识，而本章所讨论的旅游者是旅游活动的主体，也是旅游学科研究中一个重要内容。旅游企业提供了旅游活动的项目，而这些项目的受众群体都是旅游者。也就是说，旅游活动能够进行下去，旅游业能够持续发展，都是因为有人愿意并且能够进行旅游活动，也就是旅游者愿意且有能力开展旅游活动。所以说，旅游者是旅游活动的主体。旅游者和旅游活动二者之间并不是某一方造就另一方的关系，而是相互依存、相互促进的关系。因此，认识并了解旅游者，掌握其相关理论和关键要义，是研究旅游概论知识、探索旅游学科不可或缺的内容。

一、旅游者的定义

究竟什么样的人可以被称为旅游者呢？关于旅游者的定义，不同国家、不同学科组

旅游概论

织、不同机构之间没有形成共识，因此对其的定义是不明确的。随着学术界对旅游学科研究的不断深入，对旅游者的分类越来越广泛，定义越来越严谨。据查，关于旅游者最早的定义是指"出于消遣、为了得到愉悦而离家外出旅行的人"，但是这个"出于消遣、得到愉悦"的标准过于宽泛，无法确定究竟谁是旅游者，谁不是旅游者。后来，为了明确对旅游者的数量统计，各官方机构开始采用统计的手段对旅游者的定义进行进一步的明晰，但是，由于各个国家/机构的统计口径、出游范围等没有明确统一的标准，导致对旅游者的分类较为广泛。目前已有的分类包括国际旅游者、国内旅游者、一日游旅游者、过夜旅游者等。本节将从国际和国内两个视角对国际旅游者和国内旅游者两类旅游者的定义进行梳理。

1. 国际旅游者

（1）国际组织对国际旅游者的定义

● 国际联盟专家统计委员会

1937年，国际联盟专家统计委员会（Committee of Statistics Experts of the League of Nations）最早提出了"国际旅游者"的明确定义——离开自己的居住国，到另一个国家访问至少24小时的人（International tourist: who visit a country other than that in which he habitually lives for a period of at least twenty-fours）。

同时，其还基于旅游者的出游目的，进一步给出了明确的国际旅游者的统计口径，将以下四类人员纳入国际旅游者的统计范围：

①基于娱乐消遣、参与家庭事务以及以锻炼身体健康为目的而出国旅行的人。

②基于出席会议或因公出国的人。

③基于工商业务目的而出国旅行的人。

④在海上巡游但是基于访问目的的人员也视为旅游者。

另外，在上述基础上，该组织也规定了应不予纳入国际旅游者的统计范围的人员：

①出于抵达某国就业任职目的的人员（不管是否签订合同），或者出于前往他国从事经营活动的人员。

②出于到国外定居目的的人员。

③出于到国外学习目的、膳宿在校的人员/学生。

④属于边境地区的居民以及在当地落户定居而又越过边界且以工作为目的的人员。

⑤临时过境但不在境内停留的人员。

综上可以看出，国际联盟专家统计委员会主要是通过以下两个方面对国际旅游者进行定义：第一，空间上的限定——前往他国；第二，时间上的限定——至少在他国滞留24小时。在具体的统计人员中对于旅游者的目的也有限定——旅行目的为消遣、家庭事务、身体健康、公务及工作需要。

该定义进一步明确了旅游者和非旅游者之间的界限，统一界定了旅游者外出的目的和时间范围，为国际旅游者的界定提供了依据并为其界定范围提供了一定的理论基础；但是以上时间、空间及目的三方面的限定也存在一定的问题：第一，空间上仅限定了国际旅游者（对于统计方来说，究竟入境旅游者是国际旅游者还是出境旅游者？抑或两者都是？）；第二，时间上仅限定了时间下线，未设置时间上线；第三，目的上未明确因工作需要外出的旅游者的具体目的（在他国的消费是自费还是公费？前往他国是否以赚钱为目的？）。

● 联合国罗马会议

联合国于1963年在意大利罗马召开了国际性旅行和旅游会议，俗称"罗马会议"。该会议对国际联盟专家统计委员会上对国际旅游者的定义进行了进一步的修改和补充，将原定义中的旅游者的范围扩大至游客，并且对游客的具体界定范围也进行了明确的规定。

由于各国对旅游者的统计口径没有统一的规定，罗马会议提出了一个整体的概念——"游客"（visitor），并且在时间的限定下，将游客划分为"过夜旅游者即旅游者"（tourist）和"一日游游客或游览者"（excursionist）。具体的定义如下：

游客：是指到非常住国进行访问活动，且其访问目的是排除获得有报酬的职业之外的其他目的。

过夜旅游者：是指到非常住国进行短期访问，并且停留时间超过24小时的人员。另外，该人员的出游目的是非获取报酬的目的。

一日游游客：是指到非常住国进行短期访问，并且停留时间不足24小时的人员（包括海上巡游旅行者），另外，该人员的出游目的是非获取报酬的目的。

值得注意的是，罗马会议的定义中排除了在法律意义上没有进入所在国的过境旅客，如没有离开机场中转区的旅客。同时，该定义的评判标准是以旅游者的常住国为标准而不是国籍。

相比较于国际联盟专家统计委员会的定义，该定义在时间、空间和目的上都有些许调整，如其在游客的定义中取消了时间下限；在空间上不以国籍为标准；在目的上排除了为获取报酬而外出的人，但包含了在他国学习、膳宿在校的留学生。

国际官方旅游组织联盟（世界旅游组织的前身）在1968年的会议中通过了罗马会议定义。自此以后，该定义成为诸多国家进行旅游统计的执行标准。

● 世界旅游组织的现行定义

1981年，世界旅游组织为了补充罗马会议中的相关规定，出版了《国内与国际旅游统计资料收集与提供方法手册》一书，其中对国际游客的统计口径做了补充和新的评判标准，并希望能够推广到全世界，以使全球的国际游客统计口径能够统一。

其中，书中将国际游客又进一步地划分为国际旅游者和短程国际游览者。具体定义如下所示：

● 国际旅游者：指前往目的地国家（非常住国），并且在该国至少度过一夜的游客。

● 短程国际游览者：指前往目的地国家（非常住国），但并没有在该国过夜的游客，其中包括到港口地区进行游玩但是每天必须回到游船上过夜的游船乘客。另外，短程国际游览者并不包括过境游客，即不包括持有效过境签证，但入境后在海关监管区域活动的游客。

规定以下人员可以作为国际游客计算：

①以娱乐、医疗、宗教、会务、学习等不以营业为目的而过境进入另一国家的人员。

②因轮船或飞机需要中途在某个国家进行短暂停留的船员或机组成员。

③出于商业目的或公务业务前往其他国家，但停留时间不足一年的人员。

④出于工作原因，在他国停留时间不足一年的国际团体雇员以及回国进行短期访问的旅行侨民。

但是，国际游客不包括下列人员：

①前往他国但是以求职或者移民为目的的人员。

②以外交身份或者军事身份前往他国进行访问的人员。

③上述任何人员的随从人员。

④前往他国进行流亡、流浪或者在边境工作的人员。

⑤前往他国并且打算滞留超过一年以上的人员。

1991年，世界旅游组织召开了渥太华会议，并且在会议上公布了《关于旅游统计的建议》（以下简称《建议》），《建议》中提出了关于旅游者定义的相关概念，并于1993年被联合国统计委员会所批准。自此以后，《建议》被世界上大多数国家认可，并作为旅游统计的标准。

其中，在这次会议中，《建议》提出两项被各方机构所认同且作为标准的提议：

《建议》中的第一项便是对旅游活动的定义进行了进一步的阐述，将其从出游目的、时间和空间三个尺度进行规范：目的——出于消遣、商务等非营业性目的；时间——短暂的、不超过一年的停留；空间——离开自己的惯常环境、前往异地他乡进行的消遣活动以及在当地停留时间进行的访问活动。

《建议》中的第二项是沿用了罗马会议中的"游客"的定义，并且将"游客"推广应用到统一的旅游统计系统中。《建议》在游客的整体体系下，根据是否跨越国界进一步划分为国际游客和国内游客，又根据在外停留时间/是否过夜将其又划分为旅游者（过夜）和一日游游客（不过夜旅游者）。

本书选取了游客定义体系下的国际旅游者相关定义，具体表述如下：

● 国际游客：前往非惯常国家进行访问活动，并且其在他国访问期间停留时间不超过1年，在访问期间所进行的是不以获取相关报酬为目的的活动。

● 国际旅游者：前往非惯常国家进行访问活动，并且其在他国访问期间停留时间不得低于24小时，不得高于1年，在访问期间所进行的是不以获取相关报酬为目的的活动。

● 国际一日游游客：前往非惯常国家进行访问活动，并且其在他国访问期间停留时间不超过24小时（并未在访问地过夜）、在访问期间所进行的是不以获取相关报酬为目的的活动。

与前文中所述其他会议对国际旅游者的定义相比较，关于渥太华会议对国际旅游者的定义主要有以下三个地方存在较为突出的改变：第一，本次定义在空间上将原有的国籍、常住国更改为惯常环境，惯常环境相比于常住国更加明确，但是在实际操作中，对惯常环境的测量工作无法进行，故而多数与常住国、常住地等同使用；第二，本次定义在时间上限制了上限，但是是将到访问国连续的时间加总进行计算的；第三，本次定义在目的上明确提出到访问国从事获取报酬的活动是不属于旅游活动范畴的，所以将其排除在外。

针对渥太华会议所提出的内容，在当时也是议论纷纷，但是最终人们都觉得该方案比较合适。国际上在 1993 年的联合国统计委员会第 27 次会议中通过了该方案。自此以后，许多国家都以此为本国的统计标准。

（2）我国对国际旅游者的定义

自改革开放以来，旅游业也进入了蓬勃发展时期。可以说，改革开放打开了国门，使前往我国旅游的国际游客越来越多，我国的国际旅游发展不断壮大，但是，当时对于国际旅游者的定义并不清晰，为了统计的需要，当时的国家统计局采取了比较宽泛的方式——将外国人、华侨、港澳台同胞等来华旅游入境人员统称为（来华）海外游客（国际旅游者），并且在统计的同时也要考虑其出行目的是否为探亲访友、观光、度假、就医疗养、购物、参会或其他非营利性活动。另外，国家统计局对当时的统计标准进行了时间和目的两个维度的限制：时间——在我国内地不得连续停留超过 12 个月；目的——除上述目的外，不得从事以获取报酬为目的的活动。

特别解释：外国人是以是否具有我国国籍为界限，即拥有非我国国籍的人，无论是否是华人；华侨则是指在外国定居的中国人（持有中国国籍但在国外定居的中国人）。

根据游客是否出入境以及在境外/境内所停留的时间长短，我国将国际旅游者划分为以下四类：入境（过夜）旅游者、入境一日游游客、出境（过夜）旅游者和出境一日游游客四类，具体定义如下：

● 入境（过夜）旅游者：指国际旅游者中，进入我国境内进行旅游活动，并且在我国停留时间超过一夜的人员。

但不包含以下 8 类人员：

①应邀前往我国进行访问活动的政府官员及其随行人员。

②外国的驻华使领馆官员、外交人员及其随行人员。

③在我国常驻（至少 1 年以上）的外国专家、记者、留学生、商务人员等。

④在我国过境的中转游客（在我国过境，但是不需要通过护照进入我国口岸）。

⑤在我国边境地区进行各种活动往来的边民。

⑥从港澳台入境，且目的是回内地（大陆）进行定居的港澳台同胞。

⑦已经在我国定居的外国人以及已经在他国定居但又返回我国定居的外国侨民。

⑧归国的我国出国人员。

● 入境一日游游客：指国际旅游者中，进入我国境内进行旅游活动，并且在我国停留时间不超过 24 小时/没有在我国过夜的人员。

其中规定：在交通工具（游船、火车等）上过夜的游客和乘务人员应纳入入境一日游游客中，但不包括以下两种情况：①该人员是在境外（内）居住而在境内（外）工作，即以工作为目的的往返；②该人员系当天往返的港澳台同胞或周边国家的边民。

● 出境（过夜）旅游者：是指在国际旅游者中，我国大陆居民出境进行旅游活动，并且在境外停留超过 24 小时（过夜）的人员。

● 出境一日游游客：是指在国际旅游者中，我国大陆居民出境进行旅游活动，并且在境外停留不超过24小时（不过夜）的人员。

2. 国内旅游者

一般认为旅游者是否跨越国境是对国内旅游者和国际旅游者进行区别的标准。但是，由于在国际上对国内旅游者的定义并没有统一，各国仅按照自己国家的标准进行统计。

（1）国际组织对国内旅游者的定义

世界旅游组织为了使国际上对于国内旅游者的定义有统一的标准，曾在1984年给出定义：国内旅游者不分国籍，只在出游目的、出游范围以及出游时长上做规定：出游目的——消遣、闲暇、度假、商务、会议、疗养或宗教等非营利性目的；出游范围——在其居住国；出游时长——24小时以上、1年之内。凡同时符合上述三个限制条件的旅游者，均视为国内旅游者。

上述定义在目的上将所有旅游者可能存在的旅游动机全部列举出来，明晰旅游者出游目的；在空间上限制了旅游活动发生在其居住国，无关旅游者的国籍，能够明确"国内"的含义；在时间上给出行时间设置了上下限，实际上标明了需要过夜且不能在到访地停留过久。

1991年，世界旅游组织在渥太华会议上对旅游活动的定义进行了规范："不管是国际旅游活动还是国内旅游活动，其出游目的都是出于消遣、商务等非营业性目的；其出游的空间范围都是前往异国他乡，暂时性地离开自己的惯常居住地；其出游时间都存在一定的时间界限。"即旅游者的出游动机是排除就业和移民以外的其他目的，并短暂地在所到访地（非惯常居住地）进行旅游活动。

渥太华会议上提出的定义得到了国际上的广泛认可，很多国家都将"游客"这一概念用作于本国的国内旅游统计系统，并将在国内参加旅游活动的人员统一称为国内游客。在此基础上，以时间限度为界限，学术界将国内游客进一步划分为国内旅游者和国内一日游游客，具体定义如下：

● 国内游客：是指拥有本国国籍的国民，离开自己的惯常居住地，前往本国境内的其他地方进行不以获取报酬为目的的旅游活动，并且在其所到地停留时间不超过6个月。

● 国内旅游者：是指拥有本国国籍的国民，离开自己的惯常居住地，前往本国境内的其他地方进行不以获取报酬为目的的旅游活动，并且在其所到地停留时间至少超过24小时，但不超过6个月。

● 国内一日游游客：是指拥有本国国籍的国民，离开自己的惯常居住地，前往本国境内的其他地方进行不以获取报酬为目的的旅游活动，并且在其所到地停留时间不超过24小时。

（2）我国对国内旅游者的定义

我国对于国内旅游者的定义参考了国际上对于旅游者的定义，也是从出游目的、出游范围、出游时长三个方面进行限定，并称之为"国内游客"。具体定义如下：出游目的——排除通过所从事的活动获取报酬的人员，除此以外，其他观光、休闲、度假、商务、参会等目的都限定在内；出游范围——前往我国国内的其他地方；出游时长：连续访问时间不可超过6个月。

根据上述对于国内游客的定义，同时，基于对出游时长的限制，将国内游客进一步划分为国内旅游者和国内一日游游客两类，具体表述如下：

● 国内旅游者：是指对于拥有我国国籍的游客，离开自己的居住地，短暂地前往我国国内其他地方进行旅游活动，并且在该地所停留时间至少要多于24小时，但不超过6个月，即需在该地至少过夜一晚。

● 国内一日游游客：是指对于拥有我国国籍的游客，离开自己的居住地，短暂地前往我国国内其他地方（距离大于10公里）进行旅游活动，并且在该地所停留时间至少要大于6小时，但不超过24小时，即不得在该地过夜。

另外，我国在进行统计工作的时候不包含以下8类人员：

①到各地巡视工作的部以上领导。
②在外地办事机构进行工作的临时工作人员。
③调遣的武装人员。
④到外地学习的学生。
⑤到基层锻炼的干部。
⑥到其他地区定居的人员。
⑦无固定居住地的无业游民。
⑧到外地务工的农民。

二、旅游者的分类与特点

1. 按地理范围分类

按照地理范围进行分类的依据是进行旅游活动的人员是否跨越国境。基于此，旅游者可分为国际旅游者（跨越国境进行旅游活动的旅游者）和国内旅游者（在国境范围里进行旅游活动的旅游者）两类。关于二者的详细定义及内容请见本节第一部分。

2. 按旅游者的组织形式分类

按照旅游者的组织形式进行分类的依据是指进行旅游活动的人员是否为成团出游，基于此，将其分为团体旅游者和散客旅游者。

● 团体旅游者：是指通过自助成团或者经由旅行社统一安排成团，通过缴纳由旅行社规定的团费，然后按旅行社制订的日程、路线、交通工具、住宿、景点等统一行动标准进行旅游活动的旅游者。

● 散客旅游者：是指自行安排旅游行程（包括活动路线、住宿、交通、景点等内容），并且对旅游活动过程中的各项旅游费用采取零星现付方式的旅游者。

3. 按旅游费用来源分类

按照旅游活动中的消费来源进行分类的标准一般是指进行旅游活动的人员是否为通过

自费的形式进行出游，通常将旅游者划分为以下三种类型：

- 自费旅游者：指由个人或家庭独自承担在旅游活动过程中所产生的一切费用的旅游者。
- 公费旅游者：指由公家/企业等组织机构承担在旅游过程中所产生的一切旅游费用，从而无须旅游者个人支付/承担旅游费用而进行旅游活动的旅游者。
- 奖励旅游者：指在工作中因参加某种活动或因个人给企业带来巨大效益等而得到以外出旅游为奖品的旅游者。

4. 按照出游目的分类

按照旅游出游目的进行分类的标准一般是指旅游者外出旅游的动机和目的，基于此，将旅游者划分为消遣型、差旅型、家庭及个人事务型旅游者。

- 消遣型旅游者：指主要出于度假、观光、探险、娱乐、散心、学习文化等消遣目的而进行旅游活动的旅游者。
- 差旅型旅游者：指主要出于公务、商务、学术交流等目的而进行旅游活动的旅游者。
- 家庭及个人事务型旅游者：指主要出于探亲访友、联系调动工作、疗养治病、购物及其他家庭事务和个人事务等目的而进行旅游活动的旅游者。

5. 其他分类

按年龄分类，根据不同年龄段的需求，旅游者可分为青少年旅游者、大学生旅游者、老年旅游者等。

按旅游的空间距离分类，根据旅游半径，旅游者可分为短途旅游者、长途旅游者。

6. 旅游者的特点

（1）异地性

正如"异地性"的字面意思所示：异地，即不同的地方、不同的风情，这正是所有旅游者进行旅游活动所具备的最基本的特点。旅游者只有离开自己的惯常居住地，前往异地（异国他乡）才能进行旅游活动，所以异地性是旅游活动形成的必要条件。吸引旅游者前往旅游目的地的主要原因是好奇、渴望感受不一样的生活方式和生存环境。与此同时，到异地进行旅游活动的旅游者也需要有足够的环境适应能力，以免造成身体和精神等方面的不适。

（2）消费性

旅游业属于第三产业，是服务行业的支柱，也是促进全民消费的行业。旅游者在进行旅游活动的过程中，无论是食住行还是游购娱都涉及消费，可以说旅游者进行旅游活动就是在进行消费活动；同时，对于旅游企业来说，旅游者的消费是其生存下去的必要条件和发展下去的前提条件。

（3）短暂性

正如前文所述，旅游者前往异国他乡进行旅游活动不仅对出游目的进行限制，对出游时长也是有限制的。一般而言，纳入旅游者统计系统的都是进行短暂旅游活动的旅游者。

（4）体验性

无论出于什么样的目的进行旅游活动，旅游者本身都是整个旅游过程的主体，即贯穿全程并且与所到地进行交互活动。事实上，许多旅游者进行旅游活动都是为了前往异地去感受、体验不一样的风景，而且，在一定程度上，旅游者的体验感强弱能够体现出旅游资源／旅游目的地的吸引力强弱、旅游产品的质量好坏以及旅游者的爱好程度高低。

第二节　旅游者产生的客观条件

一、社会经济发展水平

自改革开放以来，我国的旅游业开始蓬勃发展。事实上，由于我国实行改革开放政策以后，社会的经济、文化等都在不断发展，人们的生活水平也在不断提高，在基础物质生活得到保障的前提下，产生了新的需求——精神层面的需求。为了满足精神层面的需求，有人选择从书本中寻找自我，也有人选择旅行的方式寻找另一个自己。事实上，随着时间的推移，旅游已经成为许多家庭能够承担、愿意甚至是必须进行的一项活动。

社会经济发展水平既影响旅游需求，也影响旅游供给。一方面，社会经济发展水平决定了居民的收入水平，决定了经济基础。只有在具备物质条件的基础上，旅游者的出游动机才能进一步转化为出游行动；另一方面，旅游目的地的社会经济发展水平影响目的地旅游开发水平能力、旅游基础设施建设等。后者对于提高目的地的吸引力有重要作用。

二、个人收入水平

旅游消费贯穿了旅游者出行的全过程。旅游者在旅游过程中的消费水平基本上完全取决于旅游者的个人收入水平。一般来说，人们人为地将个人收入划分为个人所得税、社会消费（如各种保险、退休金等的预支）、生活必须消费（如衣食住行等）以及可随意／自由支配收入四个部分。其中，正如字面意思所示，旅游者的可随意／自由支配收入的水平高低代表着旅游者在进行旅游活动过程中的支付能力、消费水平。个人的可随意／自由支配水平决定着一个人是否会成为潜在旅游者，一个潜在旅游者是否会成为旅游者。与此同时，个人的可随意／自由支配水平不仅影响着旅游者的消费方式和消费水平，而且也影响着旅游企业对旅游活动的策划、设计和经营。

可随意支配水平只是物质条件，并不能完全决定一个人能否成为旅游者，因为有一些人有可支付能力，但是没有外出旅游的需求和欲望；另一些人有很强烈的旅游需求和动机，虽然没有足够的可支付能力，但也能出去"穷游"。

三、身体健康状况

旅游者进行旅游活动需要其暂时离开自己的定居地，前往异国他乡（非惯常环境）进行相关的活动，因此其需要有较好的身体条件，尤其是具备在旅游交通中使用汽车、飞机等交通工具的身体承受能力。对一些有特殊旅游需求的旅游者，如想爬山、潜水，到高海拔地区、沙漠地区旅游的人，他们的身体健康状况很重要。另外，还有一些特殊旅游者（儿童和老年群体等），这类群体进行旅游活动的时候也需要格外注意其身体健康状况。最后，若是旅游者有钱、有需求但是身体健康状况不够的话，也是无法正常进行旅游活动的。

四、个人闲暇时间

旅游者进行旅游活动不仅需要健康的身体和一定的经济支付能力，也需要有时间进行旅游活动。无论进行什么样的活动，都是需要花费时间的，即存在一定的时间成本，旅游活动也不例外。如果没有时间前往异国他乡进行一系列的旅游活动，那么其就不能称为旅游者。

人们将生活中的时间分为工作时间、生理需求时间、社会活动时间及闲暇时间。其中，与产生旅游活动息息相关的是闲暇时间。所谓闲暇时间也称自由时间或可随意支配时间，也就是排除人们工作、学习和生活时间以外的，可以由人们随意支配的，可以用于娱乐、消遣、社交或其他活动的时间。

生活中，人们的闲暇时间有很多，根据其闲暇时间长短及特殊场景等将其划分为每日闲暇时间、周末闲暇时间、公共假日及带薪假期四部分，具体如下：

（1）每日闲暇时间

每日闲暇时间是指人们排除每天出去工作、必要的生理活动和社会活动之外的时间。这段时间，人们可以进行一些简短的娱乐活动，但用于外出旅游是不够的。

随着夜间经济和周边游的发展，这类闲暇时间可以用于人们的短途夜间旅游，以此增加人们的精神娱乐活动和带动夜间消费、餐饮业和服务业的发展。

（2）每周闲暇时间

每周闲暇时间是指由周末工休而形成的余暇时间。目前我国实行的周末休两天的周末假日余暇时间较多，可用于旅游活动。在每周闲暇时间充足的情况下，非常适用于家庭出游和短途旅游。无论是大人还是孩子，在城市工作压力和学习压力较大的情况下，利用每周周末的时间进行旅游活动，不仅可以释放压力，也可以丰富精神生活和培养家庭感情。

（3）公共假日

公共假日是指法定节假日。自1999年开始，我国开始实行公共"长假"制度，对工作日进行调整，将"五一""十一"和春节的假期时长沿长到七天（现在"五一"调整为三天）。在公共假日制度实行的早期时候，人们往往选择在"五一"和"十一"这两个黄金周进行个人或团体的旅游活动。近几年，通过全家外出旅游的形式欢度春节的人数也越来越多，尤其是到国外过春节的活动占比更大。

（4）带薪假期

随着社会经济不断发展和人民生活水平的提高，许多企业为了回馈和激励员工，实行了带薪休假制度。发达国家在带薪休假方面比中国的实行时间要早且更加完善，但是各国有各国的政策，并没形成统一制度。目前，我国的带薪休假制度所能辐射到的人群数量较少，多集中在公务员、大型企业员工身上。

事实上，闲暇时间的长短不仅在一定程度上决定着一个人能否成为潜在旅游者，以及一个潜在旅游者能否成为旅游者；同时，还影响着旅游者的出游方式、出游时间、活动安排等。当闲暇时间足够时，旅游者在进行旅游活动中有更多更自由的选择，如选择旅游目的地时考虑距离远近、可停留时间以及交通便利程度等。当闲暇时间不充足时，旅游者在进行旅游活动时的选择余地比较小，大多数只能选择距离较近的、交通便利的旅游目的地以及耗时短的旅游项目。

第三节 旅游者产生的主观条件

一、旅游需要与旅游动机

1. 旅游需要

日常生活中所说的需要是一种心理状态，是某个个体对某种事物的一种向往或者由于没有/缺失而希望能够拥有的经历，使其得到满足的一种心理状态。在旅游中，旅游需要就表现为某个个体对旅游目的地/旅游活动/旅游产品的一种向往或者是出于某方面的欠缺而希望得到满足的一种心理状态，需要与实际行动之间存在着某种关联，一般来说，需要驱动着行动，即需要越强烈，那么行动的可能性越大。

根据需要的定义，发现需要具有以下几个特点：

①指向性：个人的需要总是有针对性的，指向某一个对象。
②重复性：需要是一个不断变化且重复的过程。
③社会性：个人的需要与社会经济、政治、文化发展有着必不可少的关系。
④阶段性：根据个体的需要满足程度，会变更已有的需要，或者会产生新的需要。
⑤差异性：不同的人或一个人的不同阶段都会产生不同的需要。

（1）马斯洛的需要层次理论

马斯洛需要层次理论是心理学科必修的内容。亚伯拉罕·马斯洛根据人的个性以及需要发展的不同阶段，将人的需要划分为五个层次。具体如图3-3-1所示。

马斯洛认为，人类具有一些先天需要，比如刚出生的宝宝需要吃母乳、人需要进食和排泄等生理性行为都是先天的需要。实际上，这些较为基本的或者有的学者称其为低级的需要与动物的需要相似度更高。一般认为需要的产生是有先后顺序的，即存在一定的层次，只有满足了最低级的需要层次，才能产生下一层次的需要。

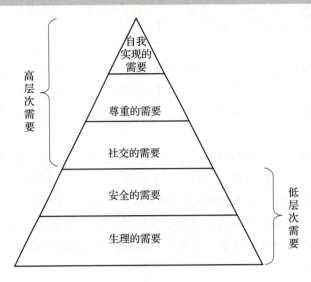

图 3-3-1 马斯洛需要层次

（资料来源：Maslow A H. A Theory of Human Motivation[J]. Psychological Review,1943,50:370.）

另外，有些学者认为，需要出现的顺序是按照马斯洛需要理论的低级到高级的顺序，但是在实际生活中，随着社会经济、文化等各方面的不断发展，人们的需要也存在一定的特例，即并不一定完全按照既定的顺序产生。比如，旅游活动是高于生理需要的，更多的时候人们认为其至少是一种社交需要。正常情况下，在生理需要和安全需要不满足的情况下，人们是不会产生旅游活动的需要的，然而"穷游一族"的出现表明该顺序是可以变更的。

如前文所说，旅游需要至少属于一种社交需要，但是其具体属于哪一个层次，目前还没有定论。也就是说人们有旅游的需要是为了满足哪一个层次的需要呢？首先，排除生理需要和安全需要这两个层次。因为这两个需要层次是无法满足旅游需要的，第一，生理需要是人们生活的基本生存需要，也就是衣食住行方面的基本需求。显而易见，旅游活动大多是以娱乐消遣为目的的活动，并不是为了基本生活需要。当然，旅游工作者就另当别论。换句话说，旅游需要是高于生理需要的，否则，人们在日常生活需要都没有得到满足的情况下，如何能够进行娱乐消遣活动？其关注点必然在如何填饱肚子、如何改善生活等基本需要上面。第二，安全需要是对治安、稳定、秩序等方面的需要。显然，旅游活动也是在该层次上面的，因为旅游活动是旅游者前往异地他乡进行休闲活动的行为，在这个过程中，并不能完全保证安全，尤其一些旅游者为了追求新鲜、刺激等特殊需要，会选择另类的、独特的旅游目的地，如深海、高原、沙漠等；还有一些旅游者会选择比较具有危险性的旅游娱乐项目，比如蹦极、极限运动、爬山等，这类旅游者显然不是为了安全需要，而是在安全需要的基础上去探寻不一样的天地。相对来说，如果旅游者是为了安全需要而产生旅游需要，那么在其惯常环境中，其身体和心理等方面岂不是更加安全？

人们的旅游需要究竟属于哪个层次呢？根据每个人旅游需要的不同目的，所针对的层次也有所不同。比如，有的人希望通过旅游的方式去探亲访友、结交朋友，这种情况就属于社交的需要；有的人希望通过旅游的方式显示自己的生活品质高和经验阅历丰富，希望以此得到他人尊重，达到尊重的需要，但是对于自我实现的需要，目前尚无定论。旅游活动属于一种对生活的享受，更多的是身体和精神两方面的享受，而自我实现的需要层次较高，是个人潜力的释放，同时也是精神层面的需要。事实上，编者认为将旅游需要归为一种较高层次的心理需要更加合理，不必归于某一个层次，而是根据不同的旅游目的进行划分。

（2）旅游需要产生的主观条件

旅游需要是旅游者或潜在旅游者对旅游目的地、旅游活动及活动过程中的旅游产品等客体的愿望和要求。旅游需要产生的主观条件与旅游者/潜在旅游者自身息息相关。

首先，当旅游者在其惯常环境中已经"视觉疲劳"和"刻板生活"，那么他对于未曾触及过的地方（旅游目的地/旅游吸引物）则会充满期待，期待能够到一个陌生的地方，短暂地改变一下自己的生活方式，调整一下自己的状态，尤其是在一些压力比较大、节奏比较快的城市生活的人，其对于压力的释放、精神的放松和对未知世界的向往是更加需要的。因为其在自己的惯常环境中无法脱身，但是看到他者在一种轻松、愉快、舒适的环境中会对其心理产生一种"失衡感"，所以导致其内心对旅游的需求更加强烈。

其次，人们总是对未知的事情很向往，因为没有经历过，便觉得应该在有条件的情况下去经历一番。好奇心本质上就是需要，因为你没有见过，所以好奇，好奇是什么样的，好奇为什么会这样等。所以，对于旅游目的地来说，其旅游吸引物的吸引力大小——独特性至关重要，从某种程度上讲，这种独特性决定着是否能够激起他人的好奇心，是否能够吸引人，是否能够将他者/潜在旅游者转变成实际旅游者。

（3）旅游需要产生的客观条件

旅游需要产生的客观条件主要与社会的大环境有关系，和一些人们本身无法决定的因素有关系。

首先，旅游活动是一项消费型活动，即旅游需要的产生与旅游者的个人收入相互关联。而个人收入水平在一定程度上受社会经济发展水平的影响，所以编者认为社会经济发展水平是旅游需要产生的首要客观原因。如前文所述的马斯洛需要层次理论，人们只有满足了个人的生理需要后，才会产生且有能力达到其他层次的需要。也就是说，如果你连衣食住行这些基本的生活条件都无法达到，那么又哪里有心情和能力去考虑其他层次的需要呢？

其次，旅游者前往异地、进行旅游活动等行为都是需要耗费时间的行为，编者认为，时间因素同样也是旅游需要产生的重要客观因素。如前文所述，闲暇时间是可以用于自己随意支配的时间。这个时间的长短决定着人们是否能够进行除生活和工作以外的事情的思考和其他需要的可能性大小。事实上，当人们在闲暇时间的时候，总是选择做一些能够愉悦身心的事情，而旅游活动便是缓解人们在工作时间的压力的最好办法。经过统计，我国每年的法定节假日、寒暑假以及周末的闲暇时间是居民外出的高峰时段。

再次，当人们具有金钱和时间时，他一定会产生旅游需要吗？答案显然是不一定的，那么还有什么因素会导致其产生旅游需要？编者认为，旅游目的地/旅游吸引物的吸引力大小也是导致其产生旅游需要的必要因素。旅游吸引物的吸引力大小，也就是旅游吸引物的独特性是激发旅游者产生旅游需要的关键。一般认为，旅游者产生旅游需要是由于旅游者本身的心理上存在着某种"失衡/缺失"。基于此，旅游活动策划商、旅游资源开发商以及相关旅游企业等可以针对不同的旅游者群体/不同的旅游需求，改造或设计生产能够满足不同游客的需求，能抓住游客"胃口"的旅游吸引物。

最后，社会上的其他因素也是旅游需要产生的相关因素。国家的文化传承、社会风气、群体的宗教信仰等都能够影响旅游需要的产生。

（4）旅游需要的特点

● 旅游需要具有暂时、异地、休闲性特点

旅游需要具有异地、休闲的特点主要是因为旅游活动是异地的、暂时的休闲活动。有旅游需要的人们，多数都希望短暂地、异地地体验旅游活动，感受异地风情。

● 旅游需要具有精神需要性特点

人们产生旅游需要不仅仅是满足个人的不平衡感，更多的是个人心理和精神上的需要。旅游者进行旅游活动是对个人的身心和精神进行短暂性的释放，所以当人们有旅游需要时，说明其对于精神世界有更大的需要。

● 旅游需要具有伸缩性特点

旅游需要是旅游者进行旅游活动的前期准备，是为旅游行为做铺垫，即在没有进行旅游活动之前，所有的东西都是可以变动的，具有很大的弹性，随时可以因为上述所说的旅游需要的产生条件而改变。

● 旅游需要具有季节性特点

受旅游资源吸引力、休假制度、旅游目的地季节差异等因素的限制，旅游者产生的需求也有了明显的季节性区分。

（5）旅游需要的类型

根据旅游需要的目的不同，旅游需要可分为以下几类：

第一，探新求异的需要。如前文所述，好奇心是旅游需要产生的重要主观条件。人们总是对自己不熟悉的、跟自己生活方式不同的事物、地点、风景、习俗、文化、方式等具有很强烈的好奇心。这种好奇心导致了旅游需要的产生，人们沉迷于如何满足自己的好奇心，如何去"征服"未知的"秘密"，实际上是一种探新求异的心理需要，同时，也是激发旅游动机的主要动力。

第二，逃避现实的需要。随着社会文明和经济的不断发展，人们的生活和工作往往是处于一种紧张、快节奏的状态，紧绷的神经需要释放。为了释放内心的压力，人们便有想要逃离现实的心理，以期能通过短暂的逃离来摆脱压力和紧张。而旅游活动正是短暂逃离现实生活的最好的办法。人们通过前往异地他乡逃离现实的束缚，并且在这个过程中可以完全放松身心，到一个新的环境去过一下自己喜欢的生活。在旅游过程中，人们没有工作，没有生活压力，可以重新扮演一个享受生活的角色，给自己压力重重的生活来一个短暂的放松，也给自己的心灵和精神一个释放的机会。

显然，由于不同类型的旅游者或潜在旅游者的旅游目的不同，其旅游需要的类型也不完全一样。这就要求人们在实际工作或科研工作中根据不同情况进行实事求是的分析，对旅游者或潜在旅游者的需要做出合理的判断。

2. 旅游动机

动机是刺激、促使某个个体产生一定的行为/从事一定的活动的内部动力，是一种心理倾向。旅游活动中的旅游动机是指什么呢？编者认为，旅游动机与旅游者的旅游需要密不可分，是旅游者为了满足其旅游需要，进而愿意并且主动进行旅游活动的内在动力或动因。

（1）旅游动机产生的条件

首先，旅游动机的产生出自旅游需要。只有在一定需要的条件下，旅游者才能激发出旅游动机。也就是说，旅游需要是"想做且能做"，而旅游动机是"去做"。一般来说，只有人们想做且能做，才会去做。

除主观需要外，旅游动机也受客观条件的影响。例如，社会经济发展水平及个人收入水平、时间因素、旅游吸引物、其他社会因素。

（2）旅游活动的产生过程

旅游动机是由旅游需要延伸而来的，是满足旅游需要的个人动力因素，而旅游活动是在旅游需要和旅游动机两者的推动下最终产生的，具体的旅游活动产生过程如图3-3-2所示。

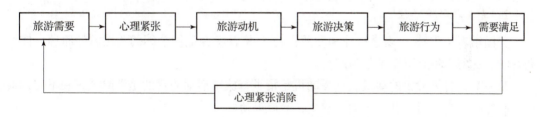

图 3-3-2　旅游活动产生过程

（资料来源：根据克里斯·库珀. 旅游学：原理与实践：第3版. 北京：高等教育出版社，2007. 中116页行为发生的心理过程模式改编。）

（3）旅游动机的功能

● 激活功能

旅游动机是促使潜在出游者进行实际出游活动的动力。一般情况下，人们产生了旅游需要，但是不会做具体的行动。只有旅游需要达到一定程度时，人们产生了足够的旅游动机，那么实际的旅游行动才会发生。

● 指向功能

旅游动机的产生往往是某个个体或潜在旅游者已经有明确的旅游目的地，已经将旅游需要转变为一种旅游偏好了。也就是说，如果潜在旅游者有自己的旅游偏好，那么就会将自己的欲望、需要向自己偏好的方向发展。

旅游概论

- 强化功能

一般认为，在旅游活动进行的前、中、后期，旅游动机起着调节和强化的作用。旅游动机刺激旅游行为的产生，并且随着动机的变化，个体的旅游活动会随之调整。即旅游动机的存在能够强化旅游活动的进行，尤其是在旅游活动中，旅游动机持续存在，那么旅游者也会持续进行旅游活动。

二、旅游动机的类型

1. 田中喜一分类法

田中喜一分类法是指由日本学者田中喜一在《旅游事业论》一书中将人的旅游动机归为以下四类：

第一类，心情的动机。这类动机的需要主要包括乡愁情结、社交需要、宗教信仰等内在情绪方面。

第二类，身体的动机。这类动机的需要主要包括休养康健、养老安逸、治病需要、运动保健等身体健康方面。

第三类，精神的动机。这类动机的需要主要包括研学、缓解压力、消遣娱乐、释放身心、个人信仰等精神方面。

第四类，经济的动机。这类动机的需要主要包括与经济相关的旅游活动上，如购物、饮食特色、居民宿等体验特色消费的动机。

2. 麦金托什分类法

美国学者罗伯特·麦金托什和沙西肯特·格普特在他们合编的《旅游的原理、体制和哲学》一书中将旅游动机分为四类：

第一类，身体健康的动机。这类动机是指进行旅游活动的目的是消除紧张和不安，促使身心健康。它包括休息、运动、游戏、治疗等动机。

第二类，文化动机。这类动机表达了一种求知的欲望。它包括了解、欣赏并学习异地文化知识等动机。

第三类，交际动机。这类动机是指旅游者通过旅游活动进行一种对现实的逃避，并且结交一些新的朋友，从而摆脱压力。

第四类，地位与声望的动机。这类动机是指旅游者期待在旅游活动中展现其地位与声望。

3. 需要层次分类法

按人们需要的层次性进行分类，可以分为以下5个动机类型：

第一类，放松动机。这类动机是指旅游者期待通过旅游活动进而解除紧张感、压迫感，消除疲劳等。

第二类，刺激动机。这类动机是指旅游者期待通过旅游活动进而寻求新的感觉、新的刺激，形成新的思想。

第三类，关系动机。这类动机是指旅游者期待通过旅游活动进而建立友谊、爱、商务伙伴关系等，或以解除人际烦扰为目的。

第四类，发展动机。这类动机是指旅游者期待通过旅游活动进而获取新的知识、技能、阅历、尊重，以提高个人声望和魅力为目的。

第五类，实现动机。这类动机是指旅游者期待通过旅游活动进而能够丰富、改变、创造个人的精神世界和价值。

4. 旅游目的分类法

第一类，健康、娱乐的动机。这类动机是指旅游者期待在紧张的生活和工作之余进行旅游活动，其目的是放松、休养身心、娱乐等。

第二类，好奇探索的动机。这类动机主要是指旅游者进行旅游活动是为了探险探奇，并且要求活动过程具有新异性、知识性和探险性。

第三类，审美的动机。这类动机主要是指旅游者为了满足自己的审美需要而外出旅游，一般认为这种动机产自于一种较高级的旅游需要。

第四类，社会交往的动机。这类动机主要是指旅游者进行旅游活动是为了能够发展个人的人际关系。如探亲访友旅游、公务旅游等。

第五类，宗教信仰的动机。这类动机主要是指旅游者进行旅游活动是为了自己的宗教信仰，如朝圣旅游。一般认为，这种动机属于一种高级的旅游需要。

第六类，为别人尽心尽责的动机。这类动机主要是指旅游者进行旅游活动是为了让亲戚朋友或他人能够感到快乐与满足。

第七类，商务动机。这类动机主要是指旅游者在差旅过程中进行一些旅游活动，希望能够给差旅生活加点乐趣。

三、旅游动机的激发

如前文所述，旅游动机是决定潜在旅游者成为真实旅游者的关键，那么对旅游动机的刺激是指什么呢？一般认为，刺激旅游动机是指通过调节、控制旅游动机产生的客观条件，从而刺激其主观条件——旅游动机的产生。比如，经济萧条时期，政府会通过发布一些补贴或政策鼓励居民外出消费。此外，旅游动机的激发也有赖于旅游企业的营销方法、旅游目的地设施设备的改进等多方面的努力，从而刺激人们产生旅游动机，吸引人们外出游览。

首先，旅游资源是旅游者进行旅游活动的客体，同时，也是吸引旅游者产生旅游动机的主要动因之一，那么什么样的旅游资源能够激发旅游动机呢？在目前社会快速发展、城市生活日渐紧绷的情况下，原始古朴的旅游资源明显比较受欢迎，因此，旅游开发商在进行旅游资源开发时要避免大范围对旅游资源进行改动，尽可能保持最真实、最原始的风貌，以满足游客的求真和求异的心理。基于此，自然景观应尽量保持原有的自然美，文化景观应保持原有的魅力，这是激发人们旅游的唯一途径。

其次，在旅游活动前、中、后的过程中，旅游产品必不可少。独特且有意义、有价值的旅游产品同样能够刺激旅游者的旅游动机。因此，旅游产品的设计必须独具一格，能够满足游客对旅游产品个性化、多元化的需求，以此吸引旅游者前往。另外，在进行旅游产品的设计时，应该尽量保持传统风格，突出民族特色，注重地方特色，但是，也需要结合旅游目的地的自身状况，要在给整体的资源形成和谐画面的同时，给游客带来新鲜感。

此外，良好的旅游服务也是激发旅游动机的重要因素。这要求旅游企业必须根据国家政策和国际惯例建立和完善各种法规和服务标准，提高从业人员的专业素质和职业道德，为广大游客提供完善周到的服务。例如，旅游路线安排应合理、新颖，餐饮服务人员待人热情、周到，客房服务要标准、娴熟，导游人员要耐心、细致。总之，一切服务都必须以满足游客的需求为中心，让游客在旅游活动中感到舒适、愉快；同时，在游客的帮助下，向周围的人提升旅行体验和感受，也可以诱发周围人的出行动机，使更多的人参与到旅游活动中来。

有效的促销手段是激发旅游动机的催化剂。将旅游目的地、旅游资源、旅游产品进行有效的促销和推广可以增加曝光度，同时，也能使他人了解到旅游产品的存在。另外，有效的推广活动可以更好地突出旅游企业的形象，能够吸引更多的潜在客户。

最后，创新是企业发展的不竭动力，对于旅游企业也是如此，这需要旅游企业紧跟时代步伐，创新旅游形式、旅游吸引物建设等。例如，在当前的旅游市场中，极限娱乐项目会测试参与者的毅力和耐力，例如蹦极、攀爬、下坡和漂流。尽管这些项目主题较为相似，但项目的模式多样，成功吸引了大批年轻游客参与。再如，现在网红打卡活动成为新的发展潮流，许多地方政府联合企业一起打造网红景区、打卡活动等，吸引了诸多游客前往，并在网络上成为人们讨论的热点，有效提升了旅游目的地的曝光度和知名度。上述这些举措均在一定程度上及时顺应时代的变化，是对旅游资源和营销方式的创新。

思考题

1. 什么是旅游者？罗马会议对旅游者的定义是怎样的？
2. 旅游者有哪些类型？旅游者具有什么普遍特点？
3. 旅游者产生的客观条件有哪些？
4. 什么是旅游动机？旅游动机是怎样形成的？
5. 一般旅游动机包括哪些类型？
6. 如何激发旅游动机？

美国旅游统计体系

1. 旅游统计执行及概念设定

（1）旅游统计执行部门

美国商务部下设的美国国家旅游办公室（NTTO）负责收集、分析和公布国际旅游统计数据，是美国旅游统计系统的管理部门，该系统由7个研究项目组成（图3-3-3）。

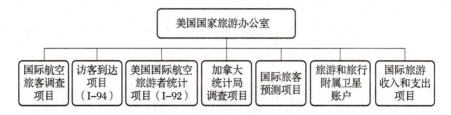

图 3-3-3　美国旅游统计系统

①国际航空旅客调查项目，收集往返美国的30多个主要国家的旅客特征。
②访客到达项目（I-94）数据提供月度和年度海外访客抵达美国的官方数据。
③美国国际航空旅游者统计项目（I-92）提供国际航空交通统计数据。
④加拿大统计局调查项目提供美加游客往来数据。
⑤国际游客预测项目基于计量经济学模型提供20个主要旅游市场国际游客的预测。
⑥旅游和旅行附属卫星账户测度旅游业经济影响。
⑦国际旅游收入和支出项目提供美国旅游业进出口数据及贸易收支信息。

相比于国际旅游统计，美国没有官方机构管理国内旅游统计，而是由美国旅游协会（U.S Travel Association）开展国内旅游统计的研究，各州也有与旅游研究公司（MMGY Global）或高校合作完成州内旅游统计的实践。

（2）旅游人数及消费的概念界定

与国际公认标准相近，美国将旅游定义为"由各种类型的'访客'（包括居民与非居民）在美国境内，以及美国居民在境外的国家或地区出于商务和休闲目的所产生的经济活动"。由于国际推荐标准的定义更为宽泛，2014年，美国经济分析局（BEA）补充了与教育和医疗有关的范畴，同时增加了边民、季节性和其他短期务工人员因购买商品和服务所产生的旅游活动。由此，美国将游客定义为离开其惯常环境[距日常活动区域单程超过50英里（80公里）]旅行不超过1年或者是在酒店/汽车旅馆过夜的人。游客不包括希望在目的地获得报酬的旅行者（如务工、就职、往返工作地点和本国的外交人员与军人）。人口分布和出行方式的差异导致美国惯常环境的空间尺度更大，但在统计时存在漏统都市休闲游客的风险。

国内旅游花费指的是美国居民用于国内旅游的相关支出，涵盖居民家庭旅游支出和商务旅游支出。从旅游贸易的角度出发，美国国家旅游办公室采用旅游收入和旅游支出表示入出境旅游花费，分为旅行和国际运输两部分。旅行部分是美国居民和国际访客用于购买旅游商品和服务的支出，包括餐饮、住宿、休闲、礼品、娱乐、目的地当地交通等。边境贸易也在统计的范围内，如美加、美墨往来购物和观光一日游。国际运输部分包括美国公司向国际游客收取的国际交通票价，以及美国居民向外国公司支付的用于美国与外国往返旅行的票价。总体而言，美国国际旅游收入定义与我国国际旅游收入概念基本相同，但与加拿大类似，美国在定义时包含本国提供的国际运输部分，统计口径更广，实际操作难度更大。

美国常态化测算复合指标用于核算旅游业对国民经济的贡献，包括旅游供给与需求、旅游业增加值、旅游就业、旅游产出等。

（资料来源：中国旅游研究院，http://www.ctaweb.org/html/2020-8/2020-8-25-0-59-01122.html）

参 考 文 献

［1］曾延忠. 旅游心理学［M］. 成都：四川人民出版社，1995.

［2］刘纯. 旅游心理学［M］. 北京：高等教育出版社，2004.

［3］邓艾民，孟秋莉. 旅游学概论［M］. 武汉：华中科技大学出版社，2017.

［4］李天元. 旅游学概论［M］. 天津：南开大学出版社，2014.

［5］卢松，潘立新. 旅游学概论［M］. 合肥：安徽人民出版社，2008.

［6］王德刚. 旅游学概论［M］. 3版. 北京：清华大学出版社，2012.

第四章　旅游资源

学习目标

本章将旅游资源的定义、分类标准、特点等进行了梳理，旨在使读者了解旅游资源的基本理论要义，掌握旅游资源调查和评价的相关体系，学习旅游资源开发与保护，探索旅游资源可持续发展的要义。

主要内容

1. 学习旅游资源的定义、分类标准及特点。
2. 掌握旅游资源的基本类型和特点。
3. 掌握旅游资源的分类标准及原则。
4. 熟悉旅游资源调查和评价程序。
5. 把握旅游资源开发的意义和对策。

第一节　旅游资源概论

一、旅游资源的定义

尽管人们普遍认为旅游活动的客体是旅游资源，但是作为旅游三要素之一的旅游资源并没有统一的概念性定义。不同的组织机构、不同的学者对于旅游资源的定义都不同，本书将相关定义进行了如下梳理：

1. **我国的旅游资源定义**

我国对于旅游资源的官方定义，最早可以追溯到1992年出版的《中国旅游资源普查规范（试行稿）》。实际上，我国对旅游资源的定义主要是由2017最新修订的国家标准《旅游资源分类、调查与评价》（GB/T 18972—2017）和原国家旅游局（现为中华人民共和国文化和旅游部）颁布的《旅游规划通则》（GB/T 18971—2003）两份文件所决定的，并将旅游资源定义为："自然界和人类社会凡能对旅游者产生吸引力，可以为旅游业开发利用，并可产生经济效益、社会效益和环境效益的各种事物和现象。"该定义是我国目前比较权威的定义，但是诸多学者对此表达了不一样的看法，本书梳理了部分学者观点如下：

郭来喜早在1982年的文章中提出，旅游资源是指凡能够为旅游者提供满足旅游需要及动机，且具有一定的开发价值的事物。

张凌云于1999年提出，旅游资源是旅游吸引物和旅游产品的交叉部分。

保继刚（1993）将一切对旅游者具有吸引力的资源都称为旅游资源，包括自然存在、历史遗产以及"人工创造物"等。

谢彦君（2004）认为，旅游资源是指能够吸引旅游者前往的自然存在或历史遗留。

张勇（2010）认为，旅游资源不包括"直接用于旅游目的的人工创造物"，并将其定义为客观地存在于一定的地域空间，具有愉悦价值和旅游功能，能够吸引人们产生旅游动机，并可能被利用来开展旅游活动的所有自然存在、历史文化遗产和社会现象。

上述不同学者对旅游资源的定义虽然没有统一，但也存在一定的共同性：有价值、能够吸引旅游者前往。通过梳理可以发现，学者之间的分歧多在于：①旅游资源是否包括人工创造物？②旅游资源与旅游吸引物是否是同一物？

尽管对于旅游资源的定义没有达成绝对的统一，但是不可否认的一点是：自然存在抑或是人工创造物，只要能够吸引旅游者前往的一切事物都可以作为旅游资源，而该资源可以产生一定的影响力和价值。

2. 国外的旅游资源定义

关于旅游资源，国外学者普遍使用旅游吸引物（Tourist Attractions）的概念。相较于旅游资源而言，旅游吸引物在定义上更加明确和清晰，可以很好地避免中国式定义中的疑惑，但是国外的这种称呼将旅游资源归为旅游吸引物的范围内，并且认为旅游吸引物还应包括良好的基础设施和服务，即国外将旅游吸引物定义为一切可以吸引旅游者前往的事物（包括有形和无形的事物）。

关于旅游吸引物的界定和认知，国内学者也存在着不同理解和分歧。旅游吸引物是旅游业发展的核心和基础，其与旅游者的存在是双向影响的关系。旅游资源本身对旅游者存在一定的吸引力，二者在某种程度上来说并没有什么大区别，但是由于人们对"资源"的固态印象，将其归为"眼睛可以看见的实体"，而旅游吸引物是目的地所有能吸引旅游者的综合要素。因此，部分学者认为二者不能等同，更倾向于认为旅游吸引物远大于旅游资源这种说法。

3. 旅游资源的内涵

（1）吸引力的强弱是判断一项资源能否作为旅游资源的重要标准

人们常说的资源有很多种，本书中的旅游资源就是其中一种。作为资源的一部分，旅游资源和其他类资源一样存在一些共性——实用价值。唯一不同的是，这种实用价值体现在是否能够吸引旅游者？是否能够给旅游者带以愉悦？是否能够给资源开发商带以经济价值？等等。一般认为，旅游资源的实用价值体现在其吸引力上，即其实用价值和吸引力成正比。所以，无论旅游资源的来源是什么，形态是什么，只有其能够吸引旅游者前往，能够创造其自身的实用价值，那么它就是旅游资源。

（2）旅游资源是独立且完整的存在，与其是否完全开发利用无关

一般认为，旅游资源是成单位地出现/存在，无论有没有被开发利用，都是资源的一部分。实际上，出于资源可持续发展的原则，人们在进行旅游资源开发时会逐步进行。对于那些已经在开发利用的资源，应该被好好保护，因为对现在来说，这类资源就是"宝藏"；而暂未开发或者不可以开发的资源，更应该加以保护，因为对将来来说，这类资源就是"原材料"。

（3）旅游资源的范围是不断扩大的

旅游业发展初期，人们只知道观光旅游，即只关注自然类旅游资源（有形）。现在，人们更加倾向于硬件好、软件优（无形）的旅游资源。这说明，随着社会的不断进步，人们的旅游需求不断地丰富化、个性化。由此可见，旅游资源的范围并不是一成不变的，会随着人们的需求而不断变化。

二、旅游资源的类型

1. 旅游资源分类原则

（1）旅游资源的景观属性原则

旅游开发利用的旅游资源往往不是一个单一的要素或景观，而是由一定地理空间内一定数量的各种旅游资源组成的综合景观。因此，旅游资源分类应从旅游资源的基本概念和内涵入手，以旅游资源景观属性、吸引力价值等作为主要的指标，对旅游资源进行科学分类。根据景观属性，首先是对旅游资源构成的景观进行自然属性或非自然（人工遗产）属性的划分，这是旅游资源科学分类体系中的一级（最高级别）指标。

（2）旅游资源的特征分类原则

旅游资源本身存在一定复杂性和多样性，在进行旅游资源分类的时候可以按照一些基本特征，如资源的成因、形态、成分、年代等进行类型的区分。

（3）旅游资源的差异性原则

根据旅游资源的属性差异性和相似性尽量地进行区分和归并，首先，确定一些属性指标进行等级的划分，把具有共同属性的资源划分为不同的等级；其次，根据不同等级内的资源差异将其划分为不同的类型。

2. 旅游资源的分类

（1）依据旅游资源属性的分类

《旅游资源分类、调查与评价》国家标准（GB/T 18972—2017）作为我国现行旅游资源相关工作的实施标准和依据，其将旅游资源划分为8个大类别、23个子类别以及110个基本类型，具体如表4-1-1所示。

表 4-1-1 旅游资源基本类型释义

主类	亚类	基本类型	简要说明
A 地文景观	AA 自然景观综合体	AAA 山丘型景观	山地丘陵内可供观光游览的整体景观或个别景观
		AAB 台地型景观	山地边缘或山间台状可供观光游览的整体景观或个别景观
		AAC 沟谷型景观	沟谷内可供观光游览的整体景观或个体景观
		AAD 滩地型景观	缓平滩地内可供观光游览的整体景观或个别景观
	AB 地质与构造形迹	ABA 断裂景观	地层断裂在地表面形成的景观
		ABB 褶曲景观	地层在各种内力作用下形成的扭曲变形
		ABC 地层剖面	地层中具有科学意义的典型剖面
		ABD 生物化石点	保存在地层中的地质时期的生物遗体、遗骸及活动遗迹的发掘地点
	AC 地表形态	ACA 台丘状地景	台地和丘陵形状的地貌景观
		ACB 峰柱状地景	在山地、丘陵或平地上突起的峰状石体
		ACC 垄岗状地景	构造形迹的控制下长期受溶蚀作用形成的岩溶地貌
		ACD 沟壑与洞穴	由内营力塑造或外营力侵蚀形成的沟谷、劣地，以及位于基岩内和岩石表面的天然洞穴
		ACE 奇特与象形山石	形状奇异、拟人状物的山体或石体
		ACF 岩土圈灾变遗迹	岩石圈自然灾害变动所留下的表面痕迹
	AD 自然标记与自然现象	ADA 奇异自然现象	发生在地表一般还没有合理解释的自然界奇特现象
		ADB 自然标志地	标志特殊地理、自然区域的地点
		ADC 垂直自然带	山地自然景观及其自然要素（主要是地貌、气候、植被、土壤）随海拔呈递变规律的现象
B 水域景观	BA 河系	BAA 游憩河段	可供观光游览的河流段落
		BAB 瀑布	河水在流经断层、凹陷等地区时垂直从高空跌落的跌水
		BAC 古河道段落	已经消失的历史河道现存段落
	BB 湖沼	BBA 游憩湖区	湖泊水体的观光游览区与段落
		BBB 潭池	四周有岸的小片水域
		BBC 湿地	天然或人工形成的沼泽地等带有静止或流动水体的成片浅水区

续表

主类	亚类	基本类型	简要说明
B 水域景观	BC 地下水	BCA 泉	地下水的天然露头
		BCB 埋藏水体	埋藏于地下的温度适宜、具有矿物元素的地下热水、热气
	BD 冰雪地	BDA 积雪地	长时间不融化的降雪堆积面
		BDB 现代冰川	现代冰川存留区域
	BE 海面	BEA 游憩海域	可供观光游憩的海上区域
		BEB 涌潮与击浪现象	海水大潮时潮水涌进景象,以及海浪推进时的击岸现象
		BEC 小型岛礁	出现在江海中的小型明礁或暗礁
C 生物景观	CA 植被景观	CAA 林地	生长在一起的大片树木组成的植物群体
		CAB 独树与丛树	单株或生长在一起的小片树林组成的植物群体
		CAC 草地	以多年生草本植物或小半灌木组成的植物群落构成的地区
		CAD 花卉地	一种或多种花卉组成的群体
	CB 野生动物栖息地	CBA 水生动物栖息地	一种或多种水生动物常年或季节性栖息的地方
		CBB 陆地动物栖息地	一种或多种陆地野生哺乳动物、两栖动物、爬行动物等常年或季节性栖息的地方
		CBC 鸟类栖息地	一种或多种鸟类常年或季节性栖息的地方
		CBD 蝶类栖息地	一种或多种蝶类常年或季节性栖息的地方
D 天象与气候景观	DA 天象景观	DAA 太空景象观赏地	观察各种日、月、星辰、极光等太空现象的地方
		DAB 地表光现象	发生在地面上的天然或人工光现象
	DB 天气与气候现象	DBA 云雾多发区	云雾及雾凇、雨凇出现频率较高的地方
		DBB 极端与特殊气候显示地	易出现极端与特殊气候的地区或地点,如风区、雨区、热区、寒区、旱区等典型地点
		DBC 物候景象	各种植物的发芽、展叶、开花、结实、叶变色、落叶等季变现象
E 建筑与设施	EA 人文景观综合体	EAA 社会与商贸活动场所	进行社会交往活动、商业贸易活动的场所
		EAB 军事遗址与古战场	古时用于战事的场所、建筑物和设施遗存

续表

主类	亚类	基本类型	简要说明
E 建筑与设施	EA 人文景观综合体	EAC 教学科研实验场所	各类学校和教育单位、开展科学研究的机构和从事工程技术试验场所的观光、研究、实习的地方
		EAD 建设工程与生产地	经济开发工程和实体单位，如工厂、矿区、农田、牧场、林场、茶园、养殖场、加工企业以及各类生产部门的生产区域和生产线
		EAE 文化活动场所	进行文化活动、展览、科学技术普及的场所
		EAF 康体游乐休闲度假地	具有康乐、健身、休闲、疗养、度假条件的地方
		EAG 宗教与祭祀活动场所	进行宗教、祭祀、礼仪活动场所的地方
		EAH 交通运输场站	用于运输通行的地面场站等
		EAI 纪念地与纪念活动场所	为纪念故人或开展各种宗教祭祀、礼仪活动的馆室或场地
	EB 实用建筑与核心设施	EBA 特色街区	反映某一时代建筑风貌，或经营专门特色商品和商业服务的街道
		EBB 特色屋舍	具有观赏游览功能的房屋
		EBC 独立厅、室、馆	具有观赏游览功能的景观建筑
		EBD 独立场、所	具有观赏游览功能的文化、体育场馆等空间场所
		EBE 桥梁	跨越河流、山谷、障碍物或其他交通线而修建的架空通道
		EBF 渠道、运河段落	正在运行的人工开凿的水道段落
		EBG 堤坝段落	防水、挡水的构筑物段落
		EBH 港口、渡口与码头	位于江、河、湖、海沿岸进行航运、过渡、商贸、渔业活动的地方
		EBI 洞窟	由水的溶蚀、侵蚀和风蚀作用形成的可进入的地下空洞
		EBJ 陵墓	帝王、诸侯陵寝及领袖先烈的坟墓
		EBK 景观农田	具有一定观赏游览功能的农田
		EBL 景观牧场	具有一定观赏游览功能的牧场
		EBM 景观林场	具有一定观赏游览功能的林场

续表

主类	亚类	基本类型	简要说明
E 建筑与设施	EB 实用建筑与核心设施	EBN 景观养殖场	具有一定观赏、游览功能的养殖场
		EBO 特色店铺	具有一定观光游览功能的店铺
		EBP 特色市场	具有一定观光游览功能的市场
	EC 景观与小品建筑	ECA 形象标志物	能反映某处旅游形象的标志物
		ECB 观景点	用于景观观赏的场所
		ECC 亭、台、楼、阁	供游客休息、乘凉或观景用的建筑
		ECD 书画作	具有一定知名度的书画作品
		ECE 雕塑	用于美化或纪念而雕刻卯造、具有一定寓意、象征或象形的观赏物和纪念物
		ECF 碑碣、碑林、经幢	雕刻记录文专、经文的群体刻石或多角形石柱
		ECG 牌坊牌楼、影壁	为表彰功勋、科第、德政及忠孝节义所立的建筑物，以及中国传统建筑中用于遮挡视线的墙壁
		ECH 门廊、廊道	门头廊形装饰物，不同于两侧基质的狭长地带
		ECI 塔形建筑	具有纪念、镇物、标明风水和某些实用目的的直立建筑物
		ECJ 景观步道、甬路	用于观光游览行走而砌成的小路
		ECK 花草坪	天然或人造的种满花草的地面
		ECL 水井	用于生活、灌溉用的取水设施
		ECM 喷泉	人造的由地下喷射水至地面的喷水设备
		ECN 堆石	由石头堆砌或填筑形成的景观
F 历史遗迹	FA 物质类文化遗存	FAA 建筑遗迹	具有地方风格和历史色彩的历史建筑遗存
		FAB 可移动文物	历史上各时代重要实物、艺术品、文献、手稿、图书资料、代表性实物等，分为珍贵文物和一般文物
	FB 非物质类文化遗存	FBA 民间文学艺术	民间对社会生活进行形象的概括而创作的文学艺术作品
		FBB 地方习俗	社会文化中长期形成的风尚、礼节、习惯及禁忌等
		FBC 传统服饰装饰	具有地方和民族特色的衣饰
		FBD 传统演艺	民间各种传统表演方式
		FBE 传统医药	当地传统留存的医药制品和治疗方式
		FBF 传统体育赛事	当地定期举行的体育比赛活动

续表

主类	亚类	基本类型	简要说明
G 旅游购品	GA 农业产品	GAA 种植业产品及制品	具有跨地区声望的当地生产的种植业产品及制品
		GAB 林业产品及制品	具有跨地区声望的当地生产的林业产品及制品
		GAC 畜牧业产品及制品	具有跨地区声望的当地生产的畜牧业产品及制品
		GAD 水产品及制品	具有跨地区声望的当地生产的水产品及制品
		GAE 养殖业产品及制品	具有跨地区声望的养殖业产品及制品
	GB 工业产品	GBA 日用工业品	具有跨地区声望的当地生产的日用工业品
		GBB 旅游装备产品	具有跨地区声望的当地生产的户外旅游装备及物品
	GC 手工工艺品	GCA 文房用品	文房书斋的主要文具
		GCB 织品、染织	纺织及用染色印花织物
		GCC 家具	生活、工作或社会实践中供人们坐、卧或支撑与储存物品的器具
		GCD 陶瓷	由瓷石、高岭土、石英石、莫来石等烧制而成，外表施有玻璃质釉或彩绘的器物
		GCE 金石雕刻、雕塑制品	用金属、石料或木头等材料雕刻的工艺品
		GCF 金石器	用金属、石料制成的具有观赏价值的器物
		GCG 纸艺与灯艺	以纸材质和灯饰材料为主要材料制成的平面或立体的艺术品
		GCH 画作	具有一定观赏价值的手工画成作品
H 人文活动	HA 人事活动记录	HAA 地方人物	当地历史和现代名人
		HAB 地方事件	当地发生过的历史和现代事件
	HB 岁时节令	HBA 宗教活动与庙会	宗教信徒举办的礼仪活动以及节日或规定日子里在寺庙附近或既定地点举行的聚会

续表

主类	亚类	基本类型	简要说明
H 人文活动	HB 岁时节令	HBB 农时节日	当地与农业生产息息相关的传统节日
		HBC 现代节庆	当地定期或不定期的文化、商贸、体育活动等
8	23	110	

注：如果发现本分类没有包括的基本类型时，使用者可自行增加。增加的基本类型可归入相应亚类，置于最后，最多可增加2个。编号方式为：增加第1个基本类型时，该亚类2位汉语拼音字母+Z，增加第2个基本类型时，该亚类2位汉语拼音字母+Y。

本书在参考上述标准的基础上，采用二分法将旅游资源划分为自然旅游资源和人文旅游资源2个大类，9个基本类型，具体如表4-1-2所示。

表4-1-2　旅游资源分类

自然旅游资源	地文景观	山岳景观、峡谷景观、火山熔岩、岩溶景观、风沙地貌、丹霞地貌等
	水域风光	江河、湖泊、瀑布、泉、海洋等
	大气景观	天象奇观、太空景观等
	生物景观	森林景观、草原景观、珍奇动植物、自然保护区等
人文旅游资源	文物古迹	古建筑、帝王园林、私家园林、遗址遗迹等
	文学艺术	神话传说、传统戏曲等
	宗教文化	宗教建筑、宗教活动等
	城乡风貌	历史文化名城、现代都市、特色城镇、乡村景观等
	民俗风情	传统民居、民族服饰、民俗风俗等

（2）根据旅游资源管理级别的分类

● 世界级旅游资源

世界级旅游资源一般指被纳入《世界遗产名录》和联合国"人与生物圈"计划的自然旅游资源、人文旅游资源等。

● 国家级旅游资源

国家级旅游资源一般指由国务院认定的国家级风景名胜区、历史文化名城、重点文保单位、自然保护区、森林公园等国家级资源。

● 省级旅游资源

省级旅游资源一般指由省级单位认定的省级风景名胜区、历史文化名城/镇、重点文保单位、自然保护区、森林公园等省级资源。

● 市（县）级旅游资源

市（县）级旅游资源一般指由市（县）单位认定的市（县）级风景名胜区、重点文保单位等市（县）级资源。

三、旅游资源的特点

1. 广泛性

旅游资源具有广泛性（客观性、多样性、定向性、易损性、可创新性），具体体现在其本质属性上，如其品种、类型多样，空间分布具有不定性和广泛性，服务范围丰富化等。

2. 时代性

旅游资源具有鲜明的时代内容。旅游业发展初期，旅游设施及旅游服务等都不被纳为旅游资源内，但是在时代迅速发展的今天，由于时代的进步，人们需求的发展，纳入旅游吸引物的因素越来越多，具有一定的时代标志。

3. 变异性

所谓变异性，是指其存在之初并不具有旅游属性，后来由于各种原因，被人们定义为旅游资源，如历史遗留下来的老物件——古代建筑。对现代人来说，这无疑是吸引旅游者前往的旅游资源，但是其存在之初不过是遮风挡雨的房屋。

4. 重复利用性

纵观现存的旅游资源以及旅游的发展历史，旅游资源相对损耗少，并且可以长期供人们开发利用，具有重复利用的价值。但是管理或保护不当会导致旅游资源遭到损害。由此可见，这种重复利用性具有相对性，因此需要人们做好旅游资源的保护工作，对旅游资源进行合理的开发和利用，才能实现可持续发展，延长旅游资源的重复利用。

5. 增智性

旅游资源大多具有历史和文化属性。人们通过参观一些该类旅游资源可以了解历史，获取文化知识，提升文化素养。

第二节　旅游资源的调查与评价

一、旅游资源的调查

1. 旅游资源调查的基本要求

（1）旅游资源调查的内容及方法要符合国家规范

即区域内旅游资源的调查要符合不同调查目标以及分类方案的要求。

（2）保证调查成果质量

旅游资源调查必须在保证其质量的前提下进行，必须以严谨的态度进行资源调查，并确保调查过程以及调查结果的客观、科学和准确，尽量达到表述简洁、结果可量化。

（3）调查方式要求

通过查阅各种与旅游资源相关的文献、资料及研究成果，然后完成调查前基本工作（统计、填表和编写调查文件等工作），在前期工作的基础上，对单个旅游资源进行逐一实地调查（包括访问、实地观察、测试、记录、绘图、摄影，必要时进行采样和室内分析）。

（4）调查分类

一般，根据调查的不同需要（精确度等）可以采取"旅游资源评查"或者"旅游资源概查"调查方法。

2. 旅游资源详查

（1）适用范围和要求

适用范围：适用于对旅游资源已经有较为全面的了解的情况。

要求：

①要求按照步骤逐一完成旅游资源调查过程，包括调查设备、现场勘探。

②要求调查某给定区域内所有旅游资源单体或某类旅游资源单体，编写并提交"旅游资源单体调查"。

（2）调查准备

具体调查准备流程如图 4-2-1 所示。

图 4-2-1　旅游资源调查准备流程图

［资料来源：《旅游资源分类、调查与评价》国家标准（GB/T 18972—2017）］

关于收集：

①收集与旅游资源单体及其他相关的文字资料，如地方志及政府专题报告等。

②收集与旅游资源所在区域相关的图像资料，如行政区划图、交通线路图、地形图等，重点是反映旅游环境与旅游资源的专题地图。

（3）实地调查

首先，确定调查区域和调查路线。按照调查的实际需求进行线路的设计，涵盖调查区内所有调查小区以及主要旅游资源单体所在地。其次，选定调查对象。调查小组成员在对调查对象以及受众对象进行分析研究的基础上，全面掌握所负责的调查区域的旅游资源单体的现有情况。

①选定下列单体进行重点调查。

明显具有可开发性、发展前景，同时，能够发挥其经济、社会和文化价值，并且能够代表区域整体旅游形象的旅游资源单体。

②调查范围暂不包括以下旅游资源单体：

水平明显有待提高，开发利用价值不高；与国家现行法律法规相违背的；对区域及社会形象不利或不符合生态保护原则的；影响国计民生的；某些位于特定区域内的。

最后，填写《旅游资源单体调查表》，详见表4-2-1。

表4-2-1 旅游资源单体调查表

（单体序号单体名称）旅游资源单体调查表

基本类型：

代　号	；其他代号：①　　；②
行政位置	
地理位置	东经 °　′　″，北纬 °　′　″
性质与特征（单体性质、形态、结构、组成成分的外在表现和内在因素，以及单体生成过程、演化历史、人事影响等主要环境因素）	
旅游区域及进出条件 [单体所在地区的具体部位、进出交通、与周边旅游集散地和主要旅游区（点）之间关系]：	
保护与开发现状（单体保存现状、保护措施、开发情况）：	
共有因子评价问答（你认为本单体属于下列评价项目中的哪个档次，应该得多少分数，在最后的一列内写上分数）	

续表

评价项目	档次	本档次规定得分	你认为应得的分数
单体为游客提供的观赏价值、游憩价值或使用价值	全部或其中一项具有极高的观赏价值、游憩价值、使用价值	30～22	
	全部或其中一项具有很高的观赏价值、游憩价值、使用价值	21～13	
	全部或其中一项具有较高的观赏价值、游憩价值、使用价值	12～6	
	全部或其中一项具有一般的观赏价值、游憩价值、使用价值	5～1	
单体蕴含的历史价值、文化价值、科学价值或艺术价值	同时或其中一项具有世界意义的历史价值、文化价值、科学价值、艺术价值	25～20	
	同时或其中一项具有全国意义的历史价值、文化价值、科学价值、艺术价值	19～13	
	同时或其中一项具有省级意义的历史价值、文化价值、科学价值、艺术价值	12～6	
	历史价值、文化价值、科学价值或艺术价值具有地区意义	5～1	
物种珍稀性，景观奇特性，现象遍在性，各地的常见性	有大量珍稀物种，或景观异常奇特，或此类现象在其他地区罕见	15～13	
	有较多珍稀物种，或景观奇特，或此类现象在其他地区很少见	12～9	
	有少量珍稀物种，或景观突出，或此类现象在其他地区少见	8～4	
	有个别珍稀物种，或景观比较突出，或此类现象在其他地区较少见	3～1	
个体规模大小，群体结构丰满性和疏密度，现象常见性	独立型单体规模、体量巨大，组合型旅游资源单体结构完美、疏密度优良，自然景象和人文活动周期性发生或频率极高	10～8	
	独立型单体规模、体量较大，组合型旅游资源单体结构很和谐、疏密度良好，自然景象和人文活动周期性发生或频率很高	7～5	

续表

评价项目	档次	本档次规定得分	你认为应得的分数
个体规模大小，群体结构丰满性和疏密度，现象常见性	独立型单体规模、体量中等，组合型旅游资源单体结构和谐、疏密度较好，自然景象和人文活动周期性发生或频率较高	4～3	
	独立型单体规模、体量较小，组合型旅游资源单体结构较和谐、疏密度一般，自然景象和人文活动周期性发生或频率较小	2～1	
自然或人为干扰和破坏情况，保存完整情况	保持原来形态与结构	5～4	
	形态与结构有少量变化，但不明显	3	
	形态与结构有明显变化	2	
	形态与结构有重大变化	1	
知名度和品牌度	在世界范围内知名，或构成世界承认的名牌	10～8	
	在全国范围内知名，或构成全国性的名牌	7～5	
	在本省范围内知名，或构成省内的名牌	4～3	
	在本地区范围内知名，或构成本地区名牌	2～1	
适游时间或服务游客情况	适宜游览的日期每年超过300天，或适宜于所有游客使用和参与	5～4	
	适宜游览的日期每年超过250天，或适宜于80%左右游客使用和参与	3	
	适宜游览的日期每年超过150天，或适宜于60%左右游客使用和参与	2	
	适宜游览的日期每年超过100天，或适宜于40%左右游客使用和参与	1	
受污染情况，环境条件及保护措施	已受到严重污染，或存在严重安全隐患	-5	
	已受到中度污染，或存在明显安全隐患	-4	
	已受到轻度污染，或存在一定安全隐患	-3	
	已有工程保护措施，环境安全得到保证	3	
本单位得分	本单位可能的等级	填表人	调查日期 年 月 日

3. 旅游资源概查

旅游资源的概查作为一种了解某类/某些类旅游资源的方法，仅针对所涉及的旅游资源单体进行调查，因此不需要繁杂的步骤和程序；仅由调查人员进行资料收集和筛选即可，且不要求必须填写"旅游资源单体调查表"。

4. 提交区域旅游资源调查成果

由于各区域、资源、要求的不同，因此所形成的调查成果存在出入。一般而言，各调查区编写的旅游资源调查报告包括前言、旅游环境、历史与现状、评价、保护与开发。

二、旅游资源评价

1. 旅游资源评价的概念

旅游资源评价是在对旅游资源进行调查分析的基础上更进一步的研究工作，即在旅游资源调查的基础上对旅游资源及其环境、开发条件等基本项目做出评定，然后，在此基础上，判断该旅游资源的特点及开发的可能性和开发价值，为调查区域内旅游业发展规划提供理论基础。

2. 旅游资源评价的意义

旅游资源评价在旅游资源开发前后都存在一定的作用。旅游资源开发前进行评价，可以有效地确定旅游资源开发的方向并确保对旅游资源的合理开发和利用。旅游资源开发后，可以及时地对旅游资源开发利用的方向进行调整，并且保证旅游资源的可持续发展。

3. 旅游资源评价的目的

（1）用于规划

对旅游资源进行评价，能够为区域旅游规划提供理论依据，明确区域旅游发展的开发重点并确定开发的先后顺利和步骤，实现区域旅游资源的合理利用。

（2）用于开发

对旅游资源进行评价，能够保证和及时调整旅游资源的规划和开发方向，为整体的旅游资源开发利用提供保障。

（3）用于管理

对旅游资源进行评价，能够使各管理层了解调查区旅游资源质量、规模等，以实现旅游资源分门别类的有效管理，同时，通过资源评定，能够将具有特殊意义的县级、省级、国家级乃至世界罕见的旅游资源加以区分，然后经申报批准后作为相应的管理级别管理，实现对不同旅游资源的对应管理。

4. 评价方法

计分方法：量值法，计分制。资源评价总分值为100分，具体评价赋分标准见表4-2-2。

表 4-2-2　旅游资源评价赋分标准

评价项目	评价因子	评价依据	赋值
资源要素价值（85分）	观赏游憩使用价值（30分）	全部或其中一项具有极高的观赏价值、游憩价值、使用价值	30~22
		全部或其中一项具有很高的观赏价值、游憩价值、使用价值	21~13
		全部或其中一项具有较高的观赏价值、游憩价值、使用价值	12~6
		全部或其中一项具有一般的观赏价值、游憩价值、使用价值	5~1
	历史、文化、科学、艺术价值（25分）	同时或其中一项具有世界意义的历史价值、文化价值、科学价值、艺术价值	25~20
		同时或其中一项具有全国意义的历史价值、文化价值、科学价值、艺术价值	19~13
		同时或其中一项具有省级意义的历史价值、文化价值、科学价值、艺术价值	12~6
		历史价值、文化价值、科学价值或艺术价值具有地区意义	5~1
	珍稀奇特程度（15分）	有大量珍稀物种，或景观异常奇特，或此类现象在其他地区罕见	15~13
		有较多珍稀物种，或景观奇特，或此类现象在其他地区很少见	12~9
		有少量珍稀物种，或景观突出，或此类现象在其他地区少见	8~4
		有个别珍稀物种，或景观比较突出，或此类现象在其他地区较少见	3~1
	规模、丰度与频率（10分）	独立型旅游资源单体规模、体量巨大，组合型旅游资源单体结构完美、疏密度优良，自然景象和人文活动周期性发生或频率极高	10~8
		独立型旅游资源单体规模、体量较大，组合型旅游资源单体结构很和谐、疏密度良好，自然景象和人文活动周期性发生或频率很高	7~5

续表

评价项目	评价因子	评价依据	赋值
资源要素价值（85分）	规模、丰度与频率（10分）	独立型旅游资源单体规模、体量中等，组合型旅游资源单体结构和谐、疏密度较好，自然景象和人文活动周期性发生或频率较高	4~3
		独立型旅游资源单体规模、体量较小，组合型旅游资源单体结构较和谐、疏密度一般，自然景象和人文活动周期性发生或频率较小	2~1
	完整性（5分）	形态与结构保持完整	5~4
		形态与结构有少量变化，但不明显	3
		形态与结构有明显变化	2
		形态与结构有重大变化	1
资源影响力（15分）	知名度和影响力（10分）	在世界范围内知名，或构成世界承认的名牌	10~8
		在全国范围内知名，或构成全国性的名牌	7~5
		在本省范围内知名，或构成省内的名牌	4~3
		在本地区范围内知名，或构成本地区名牌	2~1
	适游期或使用范围（5分）	适宜游览的日期每年超过300天，或适宜于所有游客使用和参与	5~4
		适宜游览的日期每年超过250天，或适宜于80%左右游客使用和参与	3
		适宜游览的日期每年超过150天，或适宜于60%左右游客使用和参与	2
		适宜游览的日期每年超过100天，或适宜于40%左右游客使用和参与	1
附加值	环境保护与环境安全	已受到严重污染，或存在严重安全隐患	−5
		已受到中度污染，或存在明显安全隐患	−4
		已受到轻度污染，或存在一定安全隐患	−3
		已有工程保护措施，环境安全得到保证	3

注："资源要素价值"项目中含"观赏游憩使用价值""历史、文化、科学、艺术价值""珍稀奇特程度""规模、丰度与频率""完整性"5项评价因子。
"资源影响力"项目中含"知名度和影响力""适游期或使用范围"2项评价因子。
"附加值"含"环境保护与环境安全"1项评价因子。

5. 等级划分

根据旅游资源的评价赋分标准，将其赋值结果进行归类，即可得出该资源的等级。具体等级划分标准如表 4-2-3 所示。

表 4-2-3 旅游资源评价等级与图例

旅游资源等级	得分区间	图例	使用说明
五级旅游资源	≥ 90 分	★	1. 图例大小根据图面大小而定，形状不变； 2. 自然旅游资源（表 4-1-1 中主类 A、B、C、D）使用蓝色图例；人文旅游资源（表 4-1-1 中主类 E、F、G、H）使用红色图例
四级旅游资源	75~89 分	□	
三级旅游资源	60~74 分	◆	
二级旅游资源	45~59 分	▲	
一级旅游资源	30~44 分	●	

注：五级旅游资源称为"特品级旅游资源"，五级、四级、三级旅游资源通称为"优良级旅游资源"，二级、一级旅游资源通称为"普通级旅游资源"。

第三节 旅游资源的开发与保护

一、旅游资源开发

1. 旅游资源开发的定义

旅游资源开发，是指利用一定的技术手段，发挥人的能动性和创造性，充分利用创造者的智力资源，按照开发区的现实评估情况和潜在的旅游资源价值的先后顺序，对规划区旅游资源进行科学合理的总体规划部署和建议活动。旅游资源开发为规划地提高和改善了旅游资源对旅游者的吸引力，是一种经济技术行为，能够实现旅游资源的利用和保护，实现旅游资源的社会、经济、生态和文化价值，提高其吸引力和竞争力。

旅游资源开发包括以下三方面内容：

①对未进行系统开发，被旅游业发展所利用的资源进行开发，发挥其价值。

②对已经开发但并未被旅游业所利用或未充分利用的资源进行再生性开发，以延长其生命周期，提高承载能力。

③借助经济实力和现有技术能力，创造出目前不存在的旅游资源作为新的旅游项目。

2. 旅游资源开发的意义

（1）旅游资源开发能够更好地满足旅游者的要求

新旅游项目的开发以及扩大旧有旅游项目，能够提高旅游景区接待能力，增加游客容量，满足不断增加的游客需要，缓解游客数量过多和旅游地接待能力有限之间的矛盾。

在原有项目的基础上，对旅游资源进行纵向开发，挖掘其文化内涵和内在价值，创造更具有吸引力、更具文化内涵的景点，既响应了文旅融合发展政策的号召，也满足了新时代旅游者对文化内涵更高层次的追求。

（2）旅游资源的开发促进一国或地区旅游业经济的发展

旅游资源的成功开发可以有效地带动旅游资源所在地的经济发展，缓解人口就业等社会问题，对于全国旅游业和经济的发展都起到了有力带动作用。

（3）旅游资源的合理开发促进历史文物的保护以及资源环境的改善

对原生态的旅游资源和历史文物等资源的科学合理的规划和开发，可以在拉动当地社会经济发展的同时，降低对规划地的损害，进而产生更加积极的效用，合理的规划开发可以对历史文物、原生态资源等产生有效保护。与此同时，对一些原生态资源合理开发与利用，可以很好地改善其周围的生态环境。

3. 旅游资源开发的原则

（1）保护性原则

- 旅游发展规划过程要考虑生态文明建设，坚持"绿水青山就是金山银山"。
- 旅游资源项目建设过程中，一旦人为地对资源及相关环境造成破坏，需要立即暂停开发工作并及时对开发计划进行调整和修改。
- 全民绿化，将绿色文化贯穿整个开发过程。

（2）特色性原则

- 原始性：尽最大可能地保留或还原旅游资源的原始状态，因为原始的资源一方面是对历史的尊重和保护，另一方面也是增加旅游吸引力的有效措施。
- 民族性：首要保护好旅游资源中的民族元素，一旦遗失，便会追悔莫及。对于旅游资源来说，保护其民族性一方面是对历史文化的尊重和保护，另一方面是民族性满足了人们探奇、求异的旅游需求，能够刺激旅游者对于旅游地的出游动机。
- 创意性：创新是旅游行业发展的亮点，同时，也应是旅游资源开发的重要着力点。可以说，有创新的旅游资源开发才是有价值的开发。旅游资源的创新点能够满足旅游者丰富多样的旅游需求。

（3）经济性原则

资源开发，本质上是希望通过一系列的措施使旅游资源/潜在旅游资源"活"下去，即希望通过旅游资源的开发为开发商带来一定的经济效益，所以对于其成本的控制必不可少。

（4）市场导向性原则

在当前的市场经济下，旅游资源开发商若要通过资源获取利润并生存下去，就必须要适应市场的法则。所以，旅游资源的开发需要遵循市场导向的原则，否则可能导致所开发的旅游资源没有市场，无法存活。

（5）注重经济效益和社会效益的原则

- 经济效益：如前文所述，旅游开发商对旅游资源或潜在旅游资源进行开发，其目的便是希望能够通过一系列措施获取经济利益。

● 社会效益：旅游企业/开发商的长远发展需要考虑其企业口碑和所做出的社会贡献，因此在旅游资源规划开发中，尤其需要关注到社会效益。当社会对该企业/开发商的社会评价很高时，那么对其产品的购买数量和频率也会增加。所以，旅游开发商在进行旅游资源开发的同时，需要考虑其社会贡献，即进行公益性的、社会性的区域性开发。

（6）综合开发的原则

上述5个旅游资源开发的原则不单独存在，在实际的开发过程中，旅游资源开发涉及部门和领域众多，因此，需重点围绕规划项目，注重各部门合作、多领域综合、交叉使用等。

二、旅游资源的保护

1. 旅游资源保护的意义

● 保护旅游资源就是保护旅游业。
● 保护旅游资源就是保护赖以生存的环境，保护地域文化。
● 保护旅游资源就是保护历史。

在旅游资源开发的过程中，或多或少地会使旅游资源受到损耗，情况严重时，可能导致原旅游资源的毁坏。那么这种损耗会降低旅游吸引力和旅游质量，严重的情况下，可能导致当地的旅游发展受到创伤，并且导致原旅游资源的消失。所以，对旅游资源的保护便是对旅游业、历史文化、生态环境的保护。

2. 旅游资源被破坏的因素

（1）自然环境变迁所带来的破坏

由于自然环境对旅游资源造成的破坏，主要有以下三个方面：

● 天灾：由于地震、洪水、泥石流等自然灾害造成旅游资源的损害。如"5·12"汶川大地震对云岩寺古建筑群造成了极大破坏。
● 自然风化：由于长时间的日晒、雨淋、风蚀、水浸等对旅游资源造成的损害。比如大同的云冈石窟，因为风吹日晒的原因，导致很多雕塑遭到破损。
● 生物原因：由于某些鸟类、白蚁等动物的侵袭和破坏导致旅游资源的损害，如乐山大佛崖边的百年老树遭受了白蚁的侵蚀。

（2）人为因素的破坏

● 旅游者对旅游资源的破坏：近年来，频繁有新闻报道旅游景区的墙上、雕塑上被旅游者"留名"以及旅游者在旅游过程中将产生的垃圾随意"挥洒"等行为。这些不文明行为对旅游资源来说都是巨大的伤害。
● 经济活动对旅游资源的破坏：在经济高速发展的时代，旅游活动场所的商业化随处可见。但是这些商业化的经济活动对旅游资源都存在一定的破坏力，如商家在古宅里进行改造，使其虽有古宅的外形，但完全失去了内在。
● 城市建设和城镇化发展对旅游资源的破坏：许多地区为了发展经济，加快城市化进展，不惜对一些古屋古树进行"消灭"，以此达到促进经济发展的目的。

3. 旅游资源保护的对策及措施

- 多渠道进行宣传，提高民众对旅游资源保护的意识，主动参与资源保护。
- 完善旅游资源保护的法律制度，加强法制建设，用法律保护旅游资源。
- 明确相关部门职责，落实责任，强化职能，加强管理，切实保护旅游资源。

思考题

1. 旅游资源的概念是什么？理解旅游资源时需要了解旅游的哪些内容？
2. 旅游资源的分类原则是什么？
3. 举例说明旅游资源的类型。
4. 简述旅游资源的特点。
5. 旅游资源调查的基本要求有哪些？
6. 简述旅游资源评价的意义。
7. 旅游资源开发的原则有哪些？
8. 简述旅游资源保护的意义。

知识拓展

旅游资源应科学有序实施产权化管理

"发挥市场在资源配置中的决定性作用，加快旅游发展要素市场化进程，推进旅游景区所有权、管理权、经营权分离，吸引各类社会资本参与旅游开发，既是市场经济发展的必然结果，也是旅游业持续发展的内在要求。"2019年3月13日，全国人大代表、民进贵州省委副主委、贵州师范大学国际旅游文化学院院长殷红梅在接受《中国旅游报》记者采访时说道。

旅游景区最核心的要素就是旅游资源。殷红梅认为："旅游景区资产产权制度的改革离不开旅游资源的资产化管理，让丰富的旅游资源变资产，资产变资本，资本证券化，可以提高旅游资源的效用，解决旅游景区开发资金的不足。"

据殷红梅介绍，旅游资源作为特殊资源，既不同于土地资源、森林资源等单一形式的自然资源，也不同于一般的国有资产，难以用单位价格形式确定其价格，再加上旅游资源的复杂、多样性，亟待在理论上界定旅游资源及其产权范围，建立旅游资源的核算与价值评估体系，确定其旅游生态底线等重大问题。与此同时，也迫切需要在操作层面上避免重经济效益、轻生态环境效益，管理体制不健全导致旅游资源资产流失，转让过程不规范导致政府产生寻租行为，法律手段缺乏力度等问题的出现，从而确保科学、有序地实施旅游景区资源资产化管理。

对此，殷红梅提出三方面建议。

其一是加大科研力度，在文化和旅游部旅游科研项目中，专门针对旅游业改革开放转型发展的重大问题研究进行资助。特别是对加强旅游资源经营权转让的若干问题，如旅资源的产权界定、资源转让的形式与内容、自然或人文旅游资源的资产核算与价值评估、旅游资源出让年限、旅游景区生态环境底线（旅游承载力）的定量评价、景区生态环境损耗和收益的核算等进行研究，从理论上为推进旅游资源资产化管理提供指导和依据。

其二是规范旅游资源资产化管理。通过立法机关授权，制定出关于旅游资源所有权与经营权分离的行政法规或政府规章，明确旅游资源产权管理机构的设置，规定经营权转让程序、经营者的资质审核以及转让合同中对经营者的责任与义务的规定；制定旅游资源核算体系的标准化与资产评估体系；制定出让、交易程序和经营权争议的处理办法，实现旅游资源经营权转让市场的有序发展。

其三是建立包括国际公约的监督、国家法律法规的监督、专门景区经营权转让的管理条例的监督、各级旅游行政管理部门规划的监督，以及社会舆论的监督等在内的监督执法体系，健全企业优胜劣汰市场化退出机制，推动行业监管由重准入向重过程监管和事后监管转变。

（资料来源：《中国旅游报》http：//www.ctnews.com.cn/zt/content/2019-03/15/content_36615.html）

参 考 文 献

[1] Richards G. Tourism attraction systems：Exploring Cultural Behavior [J]. Annals of Tourism Research，2002，33（4）：1048-1064.

[2] 保继刚. 旅游地理学 [M]. 北京：高等教育出版社，1993.

[3] 邓艾民，孟秋莉. 旅游学概论 [M]. 武汉：华中科技大学出版社，2017.

[4] 郭来喜，保继刚. 中国旅游地理学的回顾与展望 [J]. 地理研究，1990，9（1）：78-87.

[5] 李天元. 旅游学概论 [M]. 天津：南开大学出版社，2014.

[6] 卢松，潘立新. 旅游学概论 [M]. 合肥：安徽人民出版社，2008.

[7] 王德刚. 旅游学概论 [M]. 3版. 北京：清华大学出版社，2012.

[8] 谢彦君. 基础旅游学 [M]. 2版. 北京：中国旅游出版社，2004.

[9] 邢道隆，王玫. 关于旅游资源评价的几个基本问题 [J]. 旅游学刊，1987（3）：38-43.

[10] 张勇. 旅游资源、旅游吸引物、旅游产品、旅游商品的概念及关系辨析 [J]. 重庆文理学院学报（社会科学版），2010，29（4）：155-159.

第五章　旅游业

学习目标

本章对旅游业有关基础知识进行了介绍，使读者对旅游业有一个全面的认识，了解旅游业的基本作用，掌握旅游业的性质与基本特点，了解旅游业的基本构成。

主要内容

1. 旅游业的概念。
2. 旅游业的性质与特点。
3. 传统旅游业和现代旅游业的主要区别。
4. 旅游业的基本构成。

第一节　旅游业的概念

一、旅游业

1. 旅游业的界定

随着社会分工的出现，生产力的不断发展，逐渐形成了产业。在传统经济学的观点中，产业是指一套由一些具有某些相似属性的经济活动相互作用，并在生产过程中需要精准地预测与计算投入和产出比例的系统。也就是说，一个产业是由生产相同类型产品的相同类型的企业或组织组成的。那么，旅游业是产业吗？

旅游业具有明显综合性特征。其与住宿业、旅游景区、餐饮业、交通运输业等行业之间都有不可分割的联系，与之共同构成了庞大的旅游产业网络结构，需要联动运营而不是独立运行。这些服务供给既面向旅游者，又面向当地原有的居民。因此，旅游业划分确切的范畴始终存在一定困难。在旅游业中，业务与产品之间存在较大差别的现象屡见不鲜。

旅游业的投入和产出不便计算和界定。旅游业会在经济发展过程中产生"乘数效应"

并影响经济发展。首先，旅游活动会产生大量人员流动，刺激客源地和目的地的消费，并且在旅游业发展过程中，能够提供大量的就业岗位，有效推进产出。其次，旅游行业不仅是许多其他相关行业的重要支撑，还是相关行业发展的强力助推器，二者相辅相成、相互促进。以旅游景区的建设为例，在项目实施的过程中，需要用到建筑材料、科学技术、设施设备等。无论是旅游服务设施的建设和完善，还是提供服务的人力物力，都离不开其他行业的支持。因此，旅游业的投入与产出很难从错综复杂的经济网中剥离出来。

鉴于此，此前学术界对旅游业是否可以被定义为产业颇有议论。但是，如果针对旅游业所产生的经济效应，那么这个议题存在的意义不大。因为在旅游经济效应的研究中，更应该关注的问题不是旅游是否可以被称为产业，而是它作为一个产业意味着什么。一般来说，为人们的旅游活动提供产品和服务的所有企业或行业都可以被纳入旅游业的范围。

本书将旅游业界定为以旅游者为主体，旅游资源为依托，当旅游者进行旅游活动时，为其提供相关产品和便利服务的综合性产业。该定义主要强调以下三点：一、旅游的主体对象是旅游者；二、旅游活动以旅游资源为依托；三、旅游业具有综合性。无论如何定义旅游业，都脱离不开它的本质：旅游业是在旅游者和旅游供给之间发挥着媒介作用的行业，并且在区域的经济发展中起着不可替代的推动作用。

在此基础上，旅游业又有广义和狭义之分。旅游业在广义上是指为旅游者提供出游所需的产品和服务的相关行业，包括交通运输、游览观光、餐饮住宿、休闲娱乐等为旅游者需求提供产品和服务，且与旅游消费直接相关的行业；在狭义上是指为商务组织、团体或个人旅游提供服务的旅游企业，包括信息咨询、行程规划、导游解说等服务。

2. 传统旅游业与现代旅游业

（1）现代旅游业的内涵评述

学术界对"现代旅游"的概念尚未形成统一定论，但就其内涵而言，已经有了相似的概念。"旅游业现代化"是指在旅游业的发展过程中，加入了现代科学技术，使旅游业获得较大发展，直至达到一个相对"理想状态"的历史过程。此外，对于"现代旅游业"的特征，多数学者倾向于从以下几个方面进行分析：

首先，从现代旅游业的类型入手，阐述其区别于传统旅游的新特点。该观点认为，旅游业具有高关联产业化、信息资源基础化、高程度国际化的特点，同时，其对资源的低耗费和经济上的高收益、对就业的带动作用、对人们生活品质的提升作用都十分可观。

其次，在把握现代旅游业的内在本质上，不难分析出现代旅游业的高附加值、高水平、高文化、高功能、高技术特征。

（2）现代旅游业与传统旅游业的区别

若要对现代旅游业有一个准确认识，必须将其与传统旅游业明确地区别开来。本书所说的"现代"和"传统"不仅是指旅游业发展的时间进程和水平高低，还是更深层次的旅游业的生产方式及服务方式。例如，传统旅游以手工操作为主，现代旅游则以信息网络技术为手段，通过电子商务、大数据分析以及 5G 技术等为旅游者提供服务。在此，本书将从产品态势、科技支持、经营理念等角度出发，将现代旅游与传统旅游进行对比。

（3）现代旅游业的内涵

把握现代旅游业的内涵，需要注意以下几个方面：

第一，现代旅游业讲求的是"先破后立"，在破除传统旅游业局限的基础上，对传统旅游业的产品形式进行重新设计和再发展。它不仅需要科学技术支持，还需要发展模式、业务模式、目标理念和管理方法的创新，打造完整的新旅游服务链。

第二，现代旅游业并非一成不变，它会随着经济的进步和社会的发展不断自我完善，是一个发展的、动态的概念。传统旅游业与现代旅游业之间并非"泾渭分明"，二者在一定条件下可以相互转化。倘若可以充分应用信息技术和先进管理思想，便能够将传统旅游业转化为现代旅游业。

第三，现代旅游业所包含的范畴不仅限于新兴旅游业，也是对传统旅游业在多方面的批判继承和推陈出新，是利用当前 5G 技术，搭乘"新基建"浪潮对传统旅游业的服务与产品的更新。

第四，区分现代旅游与传统旅游的主要因素是信息技术、管理方略、发展理念、商业模式、创新换代等，其中最重要的是信息技术。要理解现代旅游的内涵，需要从两个维度来考虑：对信息技术的依赖程度和行业发展水平。如图 5-1-1 所示，行业的发展水平与对信息技术的依赖程度密切正相关，信息技术的应用程度高低是区分现代旅游与传统旅游的关键。

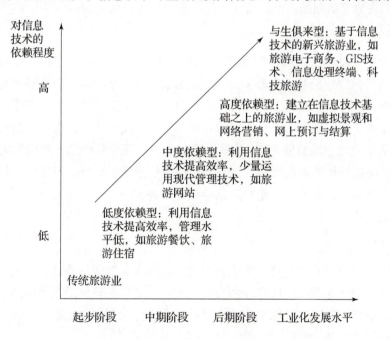

图 5-1-1 行业的发展水平与对信息技术的依赖程度

（图源：刘民坤，何华. 现代旅游业的界定与提升，《管理世界》2013 年 8 期

第五，现代旅游业既是满足个人精神需求的新型消费性服务业，又是生产性服务业，如旅游产品的创意设计、新技术设备的生产研发等。

本书将现代旅游定义为：现代旅游业是现代服务业的重要部门，发展动态与工业化水平的持续改进、发展、创新和促进紧密相连，是满足旅游者个人精神需求的生产性服务业，在产品形式、科技支持、管理理念、发展模式、商业模式和信息化建设上具有传统旅游业所没有的新功能与新动力。

第二节　旅游业的性质与特点

一、旅游业的性质

1. 经济性

旅游业作为服务业的重要类别，其本质属性是经济性。旅游业在为旅游者提供出行所需的服务与产品的过程中获得经济收益，刺激了消费，促进了经济的增长。据世界旅游业理事会（WTTC）最新发布的年度《经济趋势报告》显示，2019年，旅游业对全球GDP（国内生产总值）的整体贡献率大约为10.4%。而2020年因受新冠肺炎疫情影响，旅游业对全球GDP的整体贡献率只有约5%。可见，旅游业对社会安定与和平所起的促进作用不可忽视。

毫无疑问，旅游业可以为世界带来可观的经济效益和积极的社会影响，具有正能量。对于我国而言，旅游业是朝阳产业，而如何在可持续发展的前提下将旅游业经济效益最大化，是一个亟待研究的问题。

2. 无形性

旅游行为本身就是旅游者所购买的在旅游目的地的一种亲身"体验"，具有无形性。在旅游者抵达目的地之前都无法感知所购买的旅游产品的好坏以及所获得的体验的好坏。除旅游商品外，旅游企业为旅游者所提供的旅游产品都是无形的，具有特殊使用价值。

因此，旅游企业成功的关键在于旅游者的体验，优质的体验能够带来良好口碑，而良好的口碑正是企业的"活招牌"。这要求旅游企业在保证旅游产品质量的同时，主动加强售后服务，积极接受旅游者的反馈，并与之形成良性互动。此外，有形的实体产品作为企业形象和无形产品的外化，同样是打造旅游品牌的关键一环。若能妥善把握和利用，可以为企业创造正面价值。

3. 开放性

国务院发展研究中心的赵晋平先生曾提出，就旅游业发展趋势而言，我国旅游业提高对外开放程度是势在必行的。服务业作为第三产业，是扩大开放的关键阵地。随着我国消费者需求的日益增大和对产品标准要求的日趋提高，合理开放市场准入、倒逼国内旅游业转型升级显得越发迫切。

当前，我国旅游业的对外开放进程已进入一个关键节点，与国际市场的往来愈发密切，在对外开放的浪潮中必然会面临冲击和挑战。与此同时，内部的竞争形式也会日益严峻。这对我国的旅游企业，尤其是中小型旅游企业来说，是机遇也是挑战。

4. 文化性

旅游业是文化产业。旅游行为本身所具有的娱乐性和审美性决定了它的文化性质。从旅游主体（旅游者）的角度出发，旅游消费实质上是一种文化消费。通过进行游览、休闲、娱乐等活动，旅游者不仅能从中获得物质享受，还能在接触旅游目的地民俗和特色文化的过程中得到精神调适，满足更高层次的心理需求。而从旅游客体（旅游资源）的角度来看，旅游资源分为两大类——自然资源和人文景观。其中，人文资源本身就是人类聚落长期以来形成的文明成果；而自然资源被开发利用，经观光体验，在与人产生互动的同时，也被赋予了文化内蕴。

二、旅游业的特点

1. 综合性

旅游业的综合性可以体现在其供给和需求两个方面。第一，供给侧。首先，旅游供给需要包含旅游过程中所涉及的相关要素（食、住、行、游、购、娱）。其次，为满足旅游者多元化、多层次的需求，需要不同企业为旅游者提供各类服务和产品，涉及行业较多。第二，需求侧。随着旅游者基本需求得到满足，其对旅游的需求不再停留在单纯的观景或对住宿、餐饮等基础物质条件的追求，更侧重于对精神文化的需求，渴望通过旅游感受异域文化，获得审美情趣，提升自身文化底蕴。与此同时旅游者的需求也变得复杂多样。

2. 依赖性

旅游业高度依赖其他行业。旅游业的综合性决定了旅游业对其他行业高度依赖。首先，旅游业需要多方面的供给，需要多行业的联动和配合，对餐饮、交通、住宿等行业都高度依赖，缺其一则会导致游客旅游链的中断和缺失，不能带来完整的旅游体验。其次，旅游业以旅游资源作为依托，旅游资源的好坏以及开发程度都影响着旅游业的好坏。最后，旅游业的发展好坏由国民经济的整体发展水平决定。人们的旅游动机需要两个必备条件的刺激，一是"有钱"，二是"有闲"，区域经济发展水平直接影响了人们的收入水平和可随意支配时间。此外，地方的基础设施、旅游配套设施的建设和旅游资源开发水准也会受到总体经济状况的影响。

3. 敏感性和脆弱性

旅游业作为环境敏感型产业，其对外部环境的变化具有强烈的敏感性。旅游业能够敏锐地感知到外界环境发生的变化，尤其是公共卫生、自然灾害等危机事件的发生。从外部角度看，旅游活动是社会活动的一种，并且旅游者进行旅游活动是与他者互动，所以，其对外界环境的敏感性极强。从内部角度看，旅游活动的开展要求旅游者对活动的时间和内容进行准确细致的安排策划，可谓是一个"环环相扣"的过程。倘若其中某个环节出现问题，往往会呈现出"牵一发而动全身"的连锁反应。同时，若外部环境的变化是负面的，即发生了危机事件，对旅游业来说，无疑是巨大的挑战。据世界旅游业理事会发布的《年度经济影响报告》（EIR）显示，2020年的疫情对全球旅游业造成了毁灭性的影响，全球旅游业遭受了近 4.5 万亿美元的巨额损失。可见，旅游业具有强烈的敏感性和脆弱性。

4. 服务性

旅游业有着很强的服务性。从事旅游业的企业和组织主要向旅游者供应满足其需求的产品和服务，包含导游、住宿、交通、餐饮、签证、文娱、旅游解说等各方面。

旅游企业通过提供服务来促进旅游产品的销售，而旅游产品本质上也是由服务组成。与此同时，对于旅游者而言，接受服务的过程也是消费的过程。二者之间你中有我、我中有你，是对立统一的关系。

5. 涉外性

旅游业所面对的客源市场广阔导致其涉外性较强，发展旅游业必须贯彻对外开放的方针。首先，一个国家的客源市场包括国内市场和出入境市场，客源不仅包括国内旅游者，也会接待来自国外的入境旅游者，因此，发展旅游业不能闭门造车，而需要以更加开放的眼光发展旅游业。其次，由于不同国家之间的社会文化、民俗风尚、宗教信仰等方面存在差异，因此，旅游的过程也是不同国家、不同地区之间人民交流、文化互通的过程。

6. 季节性

旅游资源在不同气候下呈现的状态、国家法定节假日的分布集中度和地方特色节事活动直接导致了旅游的季节性。例如，旅游者在冬季会选择更加温暖的海南岛作为旅游目的地，而在夏季则更倾向于选择避暑旅游目的地。旅游需求全年波动较大，然而旅游供给往往稳定在某个区间内。旅游旺季和淡季本质上是某一时间段内的旅游供给和需求的不平衡。

旅游资源是有限的，旅游目的地的基础设施、旅游景区的环境容量等均有阈值限制，旅游目的地在某一时段中不可能无限量地接待游客，过量接待不仅会影响游客体验，而且容易破坏旅游资源，甚至出现旅游事故。淡季时，旅游供给大于旅游需求，则会导致资源闲置，无法顺利转换成经济效益。因此，旅游企业需均衡旅游供需之间的不平衡，以扩大旅游目的地供给能力，充分发挥旅游资源效益。

第三节　旅游业的构成

一、按提供旅游活动的重要程度进行层次划分

1. 直接的旅游业构成

直接的旅游业构成，也称为狭义的旅游业构成，包括旅行社、住宿和交通。旅行社是促使旅游者进行旅游活动的重要中介，也是连接旅游者和旅游企业的媒介。住宿和交通则是保障旅游者顺利进行旅游活动的重要支柱，也是辅助旅行社发挥中介作用的工具。旅行社、住宿和交通对旅游者参加旅游活动有着直接的关系，故而，其三者是直接的旅游业构成。

2. 相关的旅游业构成

相关的旅游业构成，也称为广义的旅游业构成，包括餐饮、娱乐、购物、旅游吸引物

等。这些行业为旅游者参加旅游活动提供了相关的产品和服务，丰富了旅游活动内容，强化了旅游者的旅游体验。但是，这些行业面向的并非只是旅游者，还包括非旅游者，如当地的社区居民。因而，旅游者的存在与否并不影响这些行业生存，但会影响其经营规模。

3. 间接的旅游业构成

间接的旅游业构成，也称为大旅游业构成，包括基础设施、公共服务、其他支持性行业或部门。这些行业提供了诸如水、电、通信、道路、治安、医疗、培训、教育等辅助性设施。同时，这些行业也是促使旅游者顺利进行旅游活动的基础，是旅游业长足发展的前提。

二、其他划分方法

1. "三大支柱"说

《联合国国际标准行业分类》中指出，可以根据从事旅游业务的具体部门将旅游业划分为三个部分——旅行社、交通运输及住宿。我国则将旅行社业、交通运输业和住宿业称为"三大支柱"，并将其誉为拉动旅游经济发展的"三驾马车"。

此外，旅游景区作为旅游目的地的核心吸引物和旅游接待的关键场所，在旅游业和学术界所发挥的作用越发地受到关注，现已成为旅游业的重要支柱之一。

2. "五大部门"说

在国际学术界较有代表性的一类观点指出，旅游业这一称谓通常是以某一地区或某一旅游目的地为单位的，倘若从国家或地区旅游发展的角度出发，可以将旅游业分为以下五大部门：住宿接待部门、景区经营管理部门、交通运输部门、旅游业务经营策划部门和目的地旅游组织部门。

相较于"三大支柱"理论，该学说增加了以旅游景区为代表的各级旅游景区经营组织和分级旅游管理机构。五大部门之间相互衔接和配合，构建了完整的旅游链，实现了旅游者的完整体验。尽管旅游目的地各级旅游管理机构不是营利导向的企业，却有效地施展了促进其他行业营利的作用。

3. "六大旅游活动行业"说

就我国旅游业发展的现状而言，按照旅游六要素（食、住、行、游、购、娱）进行分析，可以将旅游业划分为以下六个主要活动行业，即旅行社业、以酒店为代表的住宿业、餐饮业、交通业、旅游文娱业、旅游周边及纪念品销售业。

第四节　旅行社

一、旅行社的概念

近年来，我国经济平稳运行，人民的旅游需求日益增大，朝着高层次、多样化的方向发展，旅游供给也在不断地为适应需求的变化而变化。

2009年2月20日，国务院在原有《旅行社管理条例》的基础上，根据我国实际情况做出了相应调整和修改，发布了新的《旅行社条例》，并于2009年4月3日正式发布该条例的实施细则，后于2016年和2017年进行修订。新条例赋予了旅行社新的定义，即"从事招徕、组织、接待旅游者等活动，为旅游者提供相关旅游服务，开展国内旅游业务、入境旅游业务或者出境旅游业务的企业法人"。

根据2018年修正的《中华人民共和国旅游法》，成立旅行社需要具备以下基本条件：①有固定的经营场所；②有必要的营业设施；③有符合规定的注册资本；④有必要的经营管理人员和导游；⑤法律、行政法规规定的其他条件。一般来说，申请经营国内旅游业务和入境旅游业务的，注册资本不少于30万元，存入质量保证金20万元；经营出境旅游业务的旅行社，应当增存质量保证金120万元。

二、旅行社的类别

1. 国内旅行社和国外旅行社

我国的旅行社分类经历了三个重要的发展阶段：

第一阶段（1985—1996年）

1985年，国务院颁布了《旅行社管理暂行条例》。这是我国旅游业发展史上第一部以法律法规形式呈现的规章条例，是我国旅游业向规范化、法制化迈进的重要一步。该条例以来华旅游者的类别为分类根据，将国内旅行社分为一类社、二类社及三类社。

其中，一类社主要经营对外业务，接待前来中国的外国人、华侨、华人及前来中国大陆的港澳台同胞；二类社则经营一类社或其他涉外组织中来华的外国人、华侨以及前往中国大陆的港澳台同胞；三类社的经营范围仅限于本国公民的国内旅游业务。

第二阶段（1996—2009年）

这一阶段，我国的国内旅游规模迅速扩张，而入境旅游的发展十分缓慢。此外，旅游业的经济性日益凸显，旅游活动不再局限于政府或组织之间的交流，以娱乐观光为目的进行旅游活动的个人旅游者越来越多。

国务院为适应旅游发展的需要，根据实际国情，对政策做出了一定的调整和改变，于1996年正式颁布了《旅行社管理条例》，该条例按照经营范围将旅行社划分为国际旅行社及国内旅行社。其中，国际旅行社的经营业务范围主要包括国际旅游业务（包括出境旅游业务和入境旅游业务）和国内旅游业务（包括入境旅游业务和国内旅游业务）；国内旅行社的经营业务范围仅包括国内旅游业务。

第三阶段（2009年至今）

2009年5月1日，我国停止实施《旅行社管理条例》，新的《旅行社条例》正式登上旅游业舞台。新的条例根据是否有出境业务的经营权，将国内的旅行社划分成两类。第一类旅行社有权经营国内旅游业务、入境旅游业务和出境旅游业务，第二类旅行社则只能经营国内旅游业务和入境旅游业务。第二类旅行社取得经营许可期满两年后，若在此期间没有因为侵害旅游者合法权益而受到行政机关罚款以上处罚，就能够获得申请经营出境业务的资格。

倘若按所负责的业务进行分类，国内旅行社可分为组团社、地接社、办事处三类，如图 5-4-1 所示。

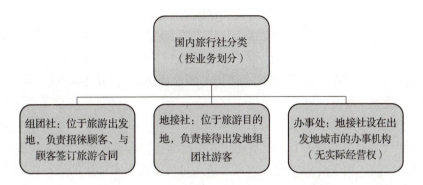

图 5-4-1　国内旅行社分类（按业务划分）

（资料来源：中华人民共和国中央人民政府网，http://www.gov.cn/zhengce/content/2020-12/11/content_5568885.htm?_zbs_baidu_bk）

欧美国家中常见的分类方式是二分法（即按照销售模式），将旅行社分为旅游批发经营商和旅游零售商。

（1）旅游批发经营商

此类旅行社首先需要对未来市场需求走向进行预估，再根据预估结果，大量批发交通、住宿、景区等旅游产品，以数量优势获取价格优势，再将这些单项产品进行有机组合、包装，利用多种渠道售卖给旅游者。

（2）旅游零售商

旅游零售商以旅游代理商为典型，主要经营旅游产品的零售业务，是联系旅游批发经营商和旅游者之间的纽带。旅游零售商大量收集旅游市场中消费者的需求信息和购买意向，再替代理顾客向旅游批发经营商购买相应产品，或者将批发商手中现有的旅游产品通过营销手段传递到旅游者一端。

日本则是按照经营权限，对旅行社类型进行划分：

（1）一般旅行社

一般旅行社的经营权限最为广泛，涵盖了国际和国内两大板块，业务范围包括外国人前往日本的入境旅游、日本本国人的出境旅游以及日本人和外国人在日本国内的旅游。

（2）国内旅游业

国内旅游业主要经营日本人和外国人在日本国内的相关旅游业务。

（3）旅游代办业

旅游代办业扮演的角色是一般旅行社和国内旅游业的代理人，负责承办旅游业务、与旅游者签订旅游合同等业务。

2. 传统旅行社和线上旅游代理商

（1）传统旅行社

传统旅行社历史悠久。我国第一家传统旅行社——中国旅行社的成立可以追溯到

1949年，现在世界范围内已成立一百多家分社，实力雄厚，拥有巨大的影响力。许多老牌传统旅行社拥有雄厚的实力和积累，并与各行各业的大型企业有稳定的合作关系，往往可以用远低于市场价的价格大批量购买旅游景区的产品。

不过，传统旅行社也存在一些弊端。首先，随着旅游者消费需求的多样化，传统旅行社不能满足个性化的需求，在产品内容、形式、服务等方面做不到与时俱进，需要及时进行转型升级；其次，信息技术的发展、5G技术的普及使人们更青睐于线上购买网络产品，其比传统旅行社更加便捷、更加可视化。

（2）线上旅游代理商

线上旅游代理商（Online Travel Agency）在我国存在多种称谓，如在线旅行社、在线旅游运营商等，其区别于传统旅行社的最大特点是可以脱离实体店铺进行经营，而判断一个通过网络经营旅行社业务的组织是否为线上旅游代理商的关键在于其是否拥有合法的旅行社业务经营许可。线上旅游代理商的主要营销模式包括B2B（企业对接企业）、B2C（企业对接个人）等。

线上旅游代理商可以省去实体店铺的租赁、水电等费用，在一定程度上降低运营成本，同时，还可以充分利用信息时代的"大数据"，丰富信息获取渠道，高效地进行资源整合，为旅游者提供针对性服务。旅游者可以通过在线的影像资料和VR（虚拟现实）等高新科技对旅游目的地进行初步的了解，并利用App对不同供应商的旅游产品进行价格和口碑的对比，以便于进一步做出选择。

当然，线上旅游代理商也存在一定的弊端。首先，尽管线上旅游代理商的运营能够减少场地租赁等部分费用，但是线上的软件、网站等程序的运营和维护也需要大量的高质量人才和资金投入，客户服务方面同样需要使用大量劳动力，也会为企业带来庞大的人工费用支出。其次，线上旅游代理商的前身多为互联网公司，但是仅有科技的支撑，不足以应对变幻莫测的旅游市场，线上旅行社需要更多的旅游专业人员对市场环境进行更准确的判断，打造多元化而富有创意的旅游产品。

此外，目前线上旅游代理商的运营体系还不够成熟，曾经屡次出现过客户资金安全和隐私泄露问题，或在对接环节中出现差错，如此一来便容易引发新用户的信任危机。尤其对于部分年龄较大、日常生活接触互联网产品较少的用户群而言，选择线上旅游代理商所提供的服务是一种艰难的迈进。

总而言之，传统旅行社与新兴的线上旅游代理商各有利弊，但并非水火不容。若要适应市场的需求和长远的发展，二者应该扬长避短、合作共赢。

三、旅行社的职能

旅行社的主要职能包括招徕、组织和接待旅游者，通过开展国内、入境或者出境旅游业务，为旅游者提供相关的旅游服务。一般来说，旅行社的职能可以划分为以下几个方面：

①生产职能，是指旅行社从不同渠道订购多种类旅游产品，再将手头所有的旅游产品进行拆分、整合和重组，打造新的包价或半包价旅游产品；②销售职能，主要包括接待旅游者、了解旅游者需求，为旅游者定制相应服务，用多手段进行旅游营销；③协调供给端

和需求端之间的不平衡，促进总量有限且供给固定的旅游资源在淡旺季之中的科学分配，并为旅游者和产品终端供给商提供有价值的市场信息等。

第五节　旅游产品

一、旅游产品的概念

对于旅游产品的定义，学术界存在诸多分歧，未给其作出统一的定义。有学者认为，旅游产品是旅游活动过程中能够为旅游者提供需求的一切单品及其组合；也有学者认为旅游产品是旅游供应商为旅游者提供的具有营利性质的产品。

在中国国家标准《旅游服务基础术语》（GB/T 16766—1997）中将旅游产品定义为面向旅游者销售的、由实体和服务共同组成的旅游项目。学者林南枝、陶汉军（2000）将旅游产品定义为：旅游产品是指旅游经营者基于旅游交通、住宿等支持性设施和旅游吸引物以及相关旅游设施等，向旅游者提供用于满足其旅游活动需求的全部服务。

综合而言，旅游产品是面向旅游者提供的以旅游景区为核心，融物质产品、服务和个人体验于一体的活动项目。其中，物质产品包括旅游者在旅游过程中所购买或消耗的实体资料，如旅游中交通、住宿、餐厅消耗的物质资料以及在旅游活动中购买的纪念品等；而服务和体验则是无形的、相辅相成的，旅游产品服务质量的好坏在某种程度上直接决定了旅游者的体验感，优质服务是良好旅游体验的基础，而劣质服务则会带来不佳的旅游体验。同样，旅游者的体验回馈会反作用于服务质量，正面或负面的回馈都可以对旅游供应商起到引导或鞭策作用。

二、旅游产品的特点

1. 综合性

旅游产品既包含有物质实体的旅游资源，又包含以人为核心的服务和体验。旅游者购买的旅游产品主要是打包的旅游线路，而旅游景区又是旅游路线中的关键部分。由于旅游活动是围绕着景区和线路，与交通、住宿、餐饮等行业和部门相结合所展开的，因此，旅游产品无法脱离其他部门孤立存在。

2. 无形性

尽管旅游产品包含以物质形态存在的部分，但整体而言，服务的占比相对更加突出。旅游服务是由工作人员直接带给旅游者的无形产品，只有旅游者亲临旅游目的地并且体验服务等无形产品后才能获得对旅游产品的精准感知。

3. 时空固定性

从时间角度来看，许多作为旅游资源的景观现象只出现于某一特殊时期或特定时间；而从空间角度而言，特定的旅游资源所处的特殊地理位置是无法转移的，几乎不可能通过物流运输等方式进行改变。旅游活动离不开旅游者的主观能动性，即旅游者通过交通运输等方式，实现自身的空间转移，主动接近旅游目的地。

4. 生产消费同时性

旅游产品的生产过程即旅游企业为旅游者服务的过程，而旅游消费的过程是旅游者接受服务的过程，二者是旅游者在到达旅游目的地后、开展旅游活动时同时进行的，因此，旅游产品的生产和消费具有同时性。

5. 难以储存性

旅游产品的生产和消费是同时发生的，倘若没有旅游消费者或者不存在旅游消费行为，那么价值的生产也无从谈起。

旅游产品明显区别于其他物质资料的一大原因是其具有租赁性质，旅游者购买的并非旅游景区、交通设施或住宿设施的产权，而是其在某一特定时段中的使用权。租赁性和时效紧密相关。例如，假设某时间段内，某按时起飞的航班中的某个座位无人订购，尽管旅游供给是客观存在的，但这部分客观存在的供给没有被旅游者购买或消耗，便无法转化为有效的价值，尽管日后也许会有人订购这一座位，但当天流失的价值是无法直接补偿的。

三、旅游产品的类别

旅游产品种类繁多，原国家旅游局（今文化和旅游部）1999年依据产品性质，将旅游产品划分为观光旅游、度假旅游、专项旅游、生态旅游以及旅游安全产品五大种类。

随着经济社会的不断进步，旅游产品也不断演变，向着多样化发展。国内学者对于旅游产品的分类也提出了不同见解，如罗佳明（2010）从旅游产品特点出发，将其分为观光旅游、度假旅游、商务旅游、文化旅游、生态旅游、会议旅游、奖励旅游、专项旅游及特种旅游九大类。从旅游产品的销售方式则可以分为团体包价旅游、散客包价旅游、自助旅游。龚鹏（2016）等则从旅游产品资源种类、旅游者组织形式、旅游产品档次、旅游产品消费使用范围、旅游功能等方面也分别做以分类。

另外，由于旅游产品种类多，因此按照不同的标准，分类方式尚无统一定论，各旅游目的地旅游产品的分类也需要因地制宜。

第六节　旅游景区

一、旅游景区的概念

根据《旅游景区质量等级的划分与评定》国家标准（GB/T17775—2003），一般将旅游景区定义为具有参观游览、休闲度假、康乐健身等功能，具备相应旅游服务设施并提供相应旅游服务的独立管理区。并且规定该管理区应有统一的经营管理机构和明确的地域范围。常见的旅游景区包括文博院馆、寺庙观堂、度假区、主题公园、动物园、游乐园等各类旅游景区。

旅游景区是旅游目的地最重要的吸引物，是旅游产品的核心，景区能够明显刺激周边地区人流量和消费，促进经济发展，造福各行各业。

我国的景区总体数量和5A级景区数量均呈上升趋势。截至2018年12月，我国的景区数量达到3万余个。纵观我国旅游景区的发展经历，从景区数量上看，2009年至2015年的6年间，我国的5A级景区数量激增，从2009年的66个升至2015年的211个。截至2019年，5A级景区数量达到历史新高，共计280个。

此外，我国的旅游示范区域和城市也取得了瞩目的发展。2019年，文化和旅游部在原来的基础上新公布了四家旅游度假区，我国已拥有30家国家旅游度假区、10个中国休闲旅游示范城市及10个中国绿色旅游示范基地。

二、旅游景区的类别

1. 根据旅游资源类型划分

根据旅游资源的类型，可将景区划分为自然景观和人文景观两大类。

其中，自然景观类景区依托当地的生物资源和特色景观（如地形地貌、植被、水域及自然现象等），吸引旅游者前往参观游览。而人文景观类景区则是人类活动中产生的文化、传统、风俗、艺术等物质形态或非物质形态的结晶，如以秦始皇兵马俑、圆明园为代表的历史遗迹，或以大教堂为代表的建筑物等。

2. 根据开发类型划分

旅游景区还可根据开发类型进行划分。

（1）主题公园

以营利为目的，围绕某一主题建造，通过科技手段和多种设施，打造为旅游者有偿提供游览参观、娱乐休闲等旅游活动的旅游目的地。如北京通州的环球影城、中国上海的迪士尼乐园等。

（2）旅游度假区

符合《旅游度假区等级划分》（GB/T 26358—2010）的要求，且经过文化和旅游部认定的旅游度假区。

三、旅游景区质量等级评定

旅游景区质量评定是由专业评定组织根据国家颁发的标准，对景区的综合质量进行多方面评估考核。考核内容包括景区的旅游交通、游览、旅游安全、卫生、邮电服务、旅游购物、经营管理、资源和环境的保护、旅游资源吸引力、市场吸引力、年接待海内外旅游者人次、旅游者抽样调查满意率等。

我国目前的景区质量等级划分标准主要是以原国家旅游局颁布的《旅游景区质量等级管理办法》和《旅游景区质量等级的划分与评定》为依据，并根据A级旅游景区评分细则，由中国国家旅游景区质量等级评定委员会授权地方旅游局对景区进行评估，将景区质量划分为 A 级景区、2A 级景区、3A 级景区、4A 级景区和 5A 级景区五个等级。

A 级旅游景区评分细则包括三部分，即细则一——服务质量与环境质量评分细则；细则二——景观质量评分细则；细则三——游客意见评分细则。A 级景区规定的标准如表 5-6-1 所示：

表 5-6-1　A 级景区细则评分标准　　　　　　　　　　单位：分

	细则一	细则二	细则三
5A 级景区	950	90	90
4A 级景区	850	85	85
3A 级景区	750	75	75
2A 级景区	600	60	60
A 级景区	500	50	50

完善的旅游景区评定机制对于旅游业长期良性发展的影响举足轻重。首先，对于旅游消费者而言，全面而客观的景区评级有利于进行消费选择，对目的地景区的整体质量形成直观的初步认知，筛选掉一些质量不理想的景区，优化旅游体验；对于供给端的旅游景区而言，质量等级评定能够起到监督和激励作用，能够促使旅游景区主动优化环境和服务质量，提升经济效益、社会效益、环境效益，推动整个行业的良性发展。

5A 级景区是我国高质量景区的金字招牌，代表了我国旅游景区发展的最高水平，能够体现旅游业的发展现状。往年，我国对质量不达标的景区通常采取警告处理，而 2019 年 7 月 31 日，文化和旅游部宣布了该年对旅游景区的审查结果，确定对以山西省晋中市乔家大院为代表的 7 家质量不达标的 5A 级景区进行摘牌处罚，同时，对河南省焦作市云台山景区、辽宁省沈阳市沈阳植物园景区等 6 家景区进行了通报批评，并责令其在三个月内进行整改。同年 12 月 25 日，文化和旅游部公示了包括北京市海淀区圆明园景区、辽宁省盘锦市红海滩风景廊道景区在内的 22 家新起草确定的 5A 级景区名单。

国家进一步加强对景区的管理和审查制度，实行 5A 级景区动态管理，象征着国内旅游景区质量等级评定程序更加规范，有利于进一步健全景区审核制度。与此同时，旅游景区也应该将更多的资源和精力投入到景区质量和服务质量的提升，规范管理，着眼长远发展。

思考题

1. 旅游业的概念是什么？
2. 什么是现代旅游业？它和传统旅游业的区别在哪？
3. 旅游业的性质有哪些？
4. 旅游业的基本特点有哪些？
5. 什么是"三大支柱"说？
6. 旅游业由哪些要素构成？分别有哪些学说？

第五章　旅游业

知识拓展

魏小安解读《促进旅游业改革发展意见》新时期新转折

国务院《关于促进旅游业改革发展的若干意见》(以下简称"31号文件")下发，这是在新时期引导旅游业新转折的重要纲领性文件，将会开创一个新局面。初读之后，有几个突出的感觉：

第一，层次高。31号文件是在国务院层次，而且是以"意见"的名义下发的，层次高，表明事情重要，重视程度也高。回想一下历史，改革开放以来，以中共中央和国务院名义下发的关于旅游的文件一共有13个，此外还有一些是以国务院办公厅的名义下发。其中，20世纪80年代都是以批转的形式下发，特点是频率密，一事一议，一事一批。进入90年代，文件少了，但是事情大了。一事一批多以国务院办公厅名义进行。进入21世纪以来，2001年，国务院发布9号文件；2009年，国务院发布41号文件；2013年，国务院办公厅发布《国民旅游休闲发展纲要》；全国人大通过《中华人民共和国旅游法》，形成了层次高、方式多、集群式的推进。31号文件，既是一系列法规和文件的延续，又是一个落实，也是结合新的形势发展提出的更加细化的要求。这说明，中国旅游发展在国民经济体系之中已经占据了比较客观和合适的地位。

第二，改革意识强。在十八大和三中全会之后，改革成为主旋律，以改革促发展，在改革中谋发展，也是旅游业的必由之路。但是，旅游部门不像其他部门，本身就没有什么传统的领地和权力，又经过多年调整，能放的已经放了，能改的好像也都改了，改什么，怎么改，成为困惑行业的一个重要问题。31号文件高屋建瓴，超越部门，超越传统，首先提出"树立科学旅游观"，包括创新发展理念和加快转变发展方式，这是改革的根本，也是改革的路径。之后延伸到增强旅游发展动力，形成改革一以贯之的气势。

第三，视野开阔，超越性强。31号文件是国务院文件，必然是国际视野，国家行为，覆盖全国，对应部门。所以，31号文件不仅超越了传统旅游的概念，也超越了旅游产业的概念，向社会延伸，向事业延伸，形成了新的导向。20世纪80年代，旅游定位是事业，但只是外交事业的一部分。20世纪90年代，旅游开拓了行业概念，之后形成产业，这是巨大的历史性进步，但是也有其相应的局限性。在新的历史时期，旅游的属性应当丰富，既有产业发展的功能，又有社会事业的属性。产业功能涉及文件导语提出的一些内容，而事业属性也在导语中强调出来。这同样是一个巨大的历史进步，比41号文件有了在认识和指导上的提升。

第四，导向明确，引导具体。培育健全的市场机制，增强市场活力，是根本性的导向，如何建设发展，需要具体的引导。文件从拓展旅游发展空间这个高度立意，而不是从旅游产品创新立意，用了几近一半的篇幅和内容，对下一步的发展提出了一系列具体要求。这开创了一种新局面，也体现了新的政府意识。

第五，突出公共，建设环境。优化旅游发展环境，完善旅游发展政策，是重中之重，也是落脚点。文件中有一些突破点，具有政策含金量，但是更重要的是综合性突破。其中

83

涉及旅游交通、旅游安全、市场诚信、规范门票、基础设施、财政金融、土地优化、人才队伍等一系列综合性问题。尤其是切实落实职工带薪休假制度，提到了依法休假的程度，意味着多年以来在休假方面层层违法、全面违法、理直气壮违法的现象有望消除。这样的文件出台，协调难度可想而知，但是在全面深化改革的大背景之下，难度也会相应减轻。

第六，文件的写法和文字也体现了新风。一是结构清楚，五个部分，20条，明明白白。二是归纳准确，内容丰富，但是不冗长。三是文字简洁，尽量减少套话，没有正确的废话。四是说新话，比如"游得放心，游得舒心，游得开心"，"发现美，享受美，传播美"，都是生动的好文字。

文件下发，关键在于落实。31号文件的综合性更强，超越性更广，新突破更多，落实难度更大。第一还是国务院有关部门协调，形成具体的可操作性政策。第二是主体落实，主要在于地方政府。第三是行业呼应，核心是培育市场。第四是国际开拓，尤其是区域旅游发展和入境市场恢复乃至再发展，都需要中国旅游自身的综合配置。第五是公共环境，公共服务，公共产品，这是政府躲不开的责任，看得见的手要和看不见的手分工协调，才能促进中国旅游业在新时期的新转折。

（资料来源：凤凰网，http：//fashion.ifeng.com/travel/news/detail_2014_08/22/38451258_0.shtml）

参 考 文 献

［1］邓艾民，孟秋莉．旅游学概论［M］．武汉：华中科技大学出版社，2017．

［2］李天元．旅游学概论［M］．天津：南开大学出版社，2014．

［3］卢松，潘立新．旅游学概论［M］．合肥：安徽人民出版社，2008．

［4］唐成努．浅论旅游业的性质和特点［J］．企业家天地，2008（5）：127．

［5］刘民坤，何华．现代旅游业的界定与提升［J］．管理世界，2013（8）．

［6］鄢慧丽．基于投入产出视角的中国旅游业经济效应研究［D］．武汉：华中师范大学，2012．

［7］王德刚．旅游学概论［M］．北京：清华大学出版社，2012．

［8］刘琼英．旅游学概论［M］．桂林：广西师范大学出版社，2014．

［9］任朝旺．旅游产品定义辨析［J］．河北大学学报（哲学社会科学版），2006（6）．

［10］林南枝，陶汉军．旅游经济学［M］．天津：南开大学出版社，2000．

［11］罗佳明，邓明艳．旅游管理导论［M］．上海：复旦大学出版社，2010．

［12］龚鹏．旅游学概论［M］．北京：北京理工大学出版社，2016．

第六章　旅游市场

学习目标

本章对旅游市场有关知识进行了介绍，使读者可以熟知旅游市场相关知识，了解其组成和特点；掌握旅游营销的主要内容；了解国内和国外旅游市场的现状、特点和发展趋势。

主要内容

1. 旅游市场的基本概念、构成及特点。
2. 旅游市场营销的概念和主要内容。
3. 世界旅游市场的发展状况及特点。
4. 中国旅游市场的发展状况及特点。

第一节　旅游市场的概念

一、旅游市场

1. 市场的界定

分析旅游市场的关键在于准确把握"市场"的概念。值得一提的是，人们对"市场"一词的解读和使用往往会由语境的不同而产生细微的差异。学者们对市场一词进行的界定，大多从经济学和营销学的角度进行考虑。从经济学的角度来看，"市场"包括买方与卖方，由买卖双方共同组成。从营销学的观点来说，则习惯将买方看作市场，将卖方（即供给方）组成行业。

2. 旅游市场的界定

（1）广义的旅游市场

广义的旅游市场一般指旅游消费者和旅游经营商之间在旅游产品生产和消费过程中，所涉及的各类经济行为和经济关系的总和。旅游市场主要由三部分组成：

①作为交易活动主体的买卖双方，即旅游者与旅游产品经营者。

②商品，即交换对象，具体是指由旅游经营者提供、被旅游者购买的产品和服务。

③旅游市场中用于促进交易的媒介及手段，如货币、推广手段等。

（2）狭义的旅游市场

狭义上，旅游市场是指在一定时期的特定区域中、特定条件下，同时具有购买能力和欲望的现实购买者以及有购买能力但购买欲望有待激发的潜在购买者。据此，狭义旅游市场包括以下几个要素：旅游者（旅游活动的需求方）、旅游购买力（拥有可供旅游消费使用的可随意支配收入的能力）、旅游购买欲望（旅游者出行的动机）、愿望和欲求、旅游购买权利（能够自愿选择旅游产品及旅游消费的权利）。购买方既可以是旅游者，也可以是受旅游者所托办理旅游业务的旅游中介机构。

二、旅游市场要素

1. 构成要素

为了更准确地剖析旅游市场的含义，有必要对旅游市场的四个组成要素进行简要分析。

（1）旅游者

首先，旅游市场消费的主体是旅游者，其市场规模由旅游消费者数量直接决定。一般情况下，人口基数大的国家或地区在出现更多旅游者的同时，对旅游产品的需求基数也随之增大。反之，旅游产品的需求基数则较小。

（2）旅游购买力

"购买力"一词，在经济学上是指消费者获得收入后，对所需产品或服务进行消费的能力。旅游者的可自由支配收入水平决定了其购买能力，而充足的购买力是顺利进行旅游的关键。一个国家或地区的经济水平和人们的可支配收入、闲暇时间往往呈正相关，经济发达地区的旅游业通常拥有更广阔的发展空间。

（3）旅游购买欲望

在旅游者有"旅游需要"的基础上，通过多种因素的刺激会产生旅游购买欲望，最后产生旅游需求，"旅游需求"会进一步催生购买行为，把握这些刺激因素是企业提高市场占有率的关键。

通常情况下，这些刺激因素包含五类。

①生理因素。人们在生活乏味或忙碌的状态下感到烦躁疲劳，便容易萌生离开惯常环境、寻找新鲜刺激感的想法，前往风光优美、气候宜人的地方愉悦身心、放松心情。

②社交因素。旅游者有进行人际交往的需求，于是，外出探亲访友，在旅游过程中尝试与他人建立社交联系。

③商业因素。旅游者因商务谈判、双方贸易等原因出差前往另一地区，客观上促成了旅游活动的发生，在出差中产生旅游欲望。

④文化因素。旅游者希望在旅游浏览参观、培训学习的过程中收获知识、增长见识，了解不同地区的特色文化，丰富个人的经历和体验。

⑤偏好因素。旅游者过往的旅游消费体验和经历会对其再次出游的选择偏好产生影响。旅游者选择去何处消费、何时消费、购买哪种旅游产品，选择哪家企业提供的服务，很大程度上受其个人偏好的影响。若旅游者对某次出行中的消费经历较为满意，则在下一次需要进行消费选择时，其会更倾向于选择前一次为他提供了满意服务的企业或机构。

（4）购买权利

国际旅游市场中旅游购买权利受限的现象并不常见。通常情况下，国际旅游活动的开展会受到两国之间政治局势和外交关系的影响。此类影响会体现在旅游活动的方方面面，如旅游者护照与签证的办理、兑换所需货币等过程。如果涉及一些敏感地区的敏感问题，容易形成旅游壁垒，旅游者的购买权利也会受到影响。

以上四个因素缺一不可，相互促进、彼此制约，交织构成旅游市场。

2. 形成条件

（1）旅游者可自由支配时间

旅游者可自由支配时间是旅游者出行不可或缺的前提。许多国家为保障劳动者身心健康及权益，放活经济，推动旅游业发展，致力于为旅游者创造合理的出游时间。1970 年，欧美工人人均每周工作时间长达 70 个小时，而现今已缩为 35~40 小时。以旅游业发达的西班牙为例，其 2018 年公布的年度假日表中，法定公众假期为 14 天，居欧洲第二，仅国家性假日就多达 11 个，不同大区还有独立设置的特色节假，西班牙国民还享有每年 22 天的带薪休假日。此外，海内外多家企业还采取了奖励旅游措施，为绩效优异的员工提供旅游假期和经费。

我国为鼓励旅游消费同样采取了诸多措施。2015 年 8 月，国务院办公厅发布《关于进一步促进旅游投资和消费的若干意见》，鼓励地方采取弹性作息制，根据具体情况适当调节假期安排。2019 年 3 月，国务院正式发布了关于"五一"小长假的调休通知，原假期时长由一天调整至四天。我国休假制度的调整目前仍处在摸索阶段，但笔者认为此类尝试值得肯定。2020 年 3 月 19 日，江西省积极响应此号召，正式确定于本年第二季度试行 2.5 天弹性作息制。

（2）旅游者可自由支配收入

发达国家人均收入较高，扣除应纳税费及日常生活必须支出，所余的可随意支配收入也相对较多。加之欧美文化中的及时享乐观念盛行，旅游作为丰富体验、收获快乐的有效途径，深受欧美旅游者青睐。

近年来，中国经济平稳运行，居民的人均可支配收入增速虽然有所放缓，但总体向好，呈上升趋势。

自改革开放以来，我国经济飞速增长，城镇化水平逐步提高，许多乡镇迅速发展，广大农民的可支配收入增加，先富起来的农民具备了消费能力。

另外，随着工业化程度的加深，劳动市场中，对职工体能的看重程度不似从前，越来越多的妇女踏入职场，女性的可支配收入增加，许多家庭多了一部分重要收入来源。此

图 6-1-1　2015—2019 年中国居民人均可支配收入及其增长速度

（资料来源：中华人民共和国中央人民政府网，http://www.gov.cn/guoqing/2020-03/09/content_5362699.htm）

外，社会福利制度的保障也至关重要，福利制度带来的"兜底"安全感，可以有效提升民众的消费信心，是影响消费的重要因素之一。例如，部分国家所实施的退休金制度，为许多退休人员的生活开销提供了一定保障，在具备可自由支配闲暇时间和一定存款支撑的条件下，越来越多的人愿意将存款用于旅游观光等活动。

（3）旅游基础设施及资源有效供给

旅游活动的顺利进行有赖于为旅游者提供便利、实现旅游体验的基础设施。首先，旅游活动的开展实质上是一种人在空间上的移动，因此交通工具作为媒介，发挥着至关重要的作用。数据显示，仅 2018 年上半年，我国的营业性客运量达到 89.1 亿人次，其中铁路运输和民航运输飞速成长，同比增长分别达到 8% 和 12.4%。其次，酒店作为旅游者在旅游目的地的另一个"家"，在出游过程中扮演着重要的角色。据《2019 年中国酒店住宿业数据白皮书》显示，2019 年，我国中高端酒店的发展呈明显的增长趋势，发展态势良好，中端、高端酒店的增长率分别达 4.1% 和 9.0%。此外，大数据时代的新技术提高了旅游行业的信息整合能力，极大方便了旅游者的信息搜集和选择决策；智慧景区的建设有利于旅游景区科学化、现代化管理，同时，也为旅游者带来了更加便捷的服务和更智能化的旅游体验；各旅游目的地也在不断优化旅游资源，提升旅游景区的供给能力，扩大景区环境容量，改进服务质量。

第二节　旅游市场营销

一、旅游市场营销的概念

了解旅游市场营销的概念，应该先了解市场营销的概念。从目的地市场的角度来说，市场营销是指在企业所面对的千变万化的环境中，为满足消费者的需求，开展总体市场分析、市场细分、目标市场选择和产品定位等活动，最终达到实现企业营利的目的。市场营销并非简单的推销。推销是以销售产品为核心，采用相关手段，促使消费者购买产品的市场活动。而营销是围绕消费者需求展开，针对不同消费者的不同要求，为其推荐最符合的产品，使产品能够自动销售出去，实现价值的飞跃。营销是顾客导向型，聚焦于消费者的需要。旅游市场营销则是市场营销在旅游领域的应用，是指旅游企业或组织以旅游者的需求为核心，以营利为目的，有针对性地为旅游者提供所需的产品和服务。这个概念包含三个重要内涵：

①旅游企业将旅游者需求作为行为导向，以营利为最终目标，为旅游消费者提供产品和服务，促使企业最终目标的达成。

②旅游营销不是一成不变的刻板流程。随着时间、地点、人员等具体条件的改变，旅游营销管理的各个流程，即分析、策划、实施、反馈和控制，需要及时作出反应，旅游营销策略和营销手段也需要因时因地做出适当的调整。

③旅游营销应用广泛。从营销主体角度而言，旅游营销主体具有广泛性，所有的旅游经济个体都可以被涵盖在内；从营销对象角度而言，旅游营销对象包括有形的物质实体，如旅游纪念品等，也包括无形的的游客体验和旅游服务。

二、旅游市场营销的特点

1. 综合性

酒店、旅行社、旅游景区等旅游企业及文化和旅游部等非营利性政府机构是旅游营销活动的主体。由于旅游产品自身所有的特质，在进行旅游市场营销活动时，旅游营销方难以将其如其他领域的产品一样直接展示在消费者面前，因此，旅游营销工作必须从定向开发、推广宣传、加强售后等一系列环节着手。

2. 旅游者导向性

在旅游市场营销中旅游者的地位具有至关重要的作用，与一般的市场营销不同，旅游产品的质量控制和评价标准难度更大，旅游者在作为消费者的同时，也决定着旅游产品的生产和评价。旅游市场营销过程中倾向于旅游者导向，应以突出旅游者的主体地位、满足旅游者的旅游需求为重要目标。

3. 生产消费同时性

旅游产品不仅包括有形和无形的旅游产品，在旅游产品的形成和生产过程中顾客参与也是重要的组成部分，在旅游市场中，旅游产品的生产供应与旅游者的消费往往是同时同地发生的。

4. 动态性

旅游市场营销贯穿于旅游者消费前—中—后整个过程，即是旅游者参与的一个动态过程。所以，能否及时接收旅游市场反馈并与旅游者保持密切互动，是评价旅游营销工作是否到位的重要因素。

三、旅游市场营销的主要内容

1. 旅游市场细分

旅游市场细分作为旅游企业确定生产内容与发展方向的重要依据，在旅游营销研究中的地位显得越来越重要。

旅游企业发展初期习惯于对整个客源市场进行细分，随着行业的发展和竞争的激烈化，越来越多的旅游企业开始意识到对营销对象进行细分的必要性。在选择目标细分市场的基础上，有针对性地对目标人群进行营销，在更好地满足旅游者需求、提高其满意度的同时，旅游企业自身也能获得更丰厚的回报。

旅游市场细分首先需要确定细分目标。从旅游企业自身实际情况出发，把握企业发展方向和目标，选择适合企业发展道路的目标。在市场细分目标的基础上确定合适的指标，再进行数据的收集、分析和总结。

（1）旅游市场细分的目标

只有确立旅游市场细分的目标，才能进行有针对性的分析，准确定位关键客户群。旅游市场细分要点包括精准识别并深入了解重要用户的特点，根据市场反馈发现现有产品的弊端并及时改进，开发新产品，扩大市场等。其中，要注意为企业选择重要客户群体，有助于精准定位销售对象。

旅游企业在希望吸引高消费、高利润的旅游者群体的同时，也应对自身的经营能力、可支付成本及可承担风险进行充分权衡，不应盲目地将高消费群体定位为市场细分目标。

（2）旅游市场细分的指标

市场细分指标可分为四类：人口特征（如年龄、性别、学历、旅游同伴等）、地理分布、消费心理（目的动机、消费倾向等）和消费行为（观光、休闲娱乐、购物行为等）。在四个指标中，较之于旅游者的人口特征和地理分布，消费心理更能体现消费者的选择倾向，而旅游动机则是影响消费者心理因素的核心要素。故而，在旅游市场细分中常以旅游动机为分类标准。科恩在《旅游地理学》一书中表示，深入了解消费者的旅游动机，将其看作一种社会心理现象，有利于分析管理。旅游动机本质上是影响人们进行旅游活动决策的心理因素，又可被称为驱动因素。国内外不同学者对这些驱动因素的划分界定尚未达成共识。戈尔德纳和里奇认为这些因素大体可以分为四方面，即生理、文化、人际关系和声望。皮尔斯和李则认为可以将其分为五方面，即摆脱无聊、放松身心、活跃人际关系、增加知识和自我发展。

把握这些指标，供给方能够更准确高效地预测旅游者的需求，帮助企业确定生产方向，做好经营管理工作，进行精准营销。

2. 旅游市场选择

在对旅游市场进行细分之后，需要深入评测每个细分市场的发展规模和未来发展潜力，结合企业发展目标和方向，进行旅游市场选择，确定企业准备进入的细分市场。

旅游市场选择可以依据旅游企业自身状况选择不同的策略：

（1）无差异目标市场策略

此策略以整个旅游市场为目标市场，忽略整个市场内在需求的差异，针对旅游者需求，仅推出一类面向市场的产品或服务，采用统一的营销方式进行销售。此类策略的优势在于成本较低，且容易形成规模效应，但是难以做到有针对性地满足旅游者的不同需求，所以仅适用于一些垄断性强或者供不应求的旅游产品。

（2）差异性目标市场策略

这一策略聚焦多个目标市场，并根据不同目标市场中旅游消费者的差异化需求，推出与之需求相对应的旅游产品，有针对性地进行目标市场营销。旅游企业通常在进入市场竞争的成熟期时采用这种策略进一步拓宽市场。此策略的优势在于可以有针对性地满足不同类型的游客的需求，劣势在于不容易形成规模经济，同时，当越来越多的细分市场出现时，对企业自身的判断能力和营销能力的要求也随之提高，所以能力不足的企业不适合采用此类策略。

（3）集中性目标市场策略

这一策略聚焦一个或几个目标市场，使旅游企业能够更好地了解旅游者及其需求，提高供给的专业化程度。这样的策略适用于规模不大、资源有限的企业及旅游资源专有化和独特性较强的旅游目的地。企业运用这一策略，可以集中有限的资源，扬长避短，使企业在专攻市场上具有突出的竞争力，但采用这类策略的企业不得不承担市场单一化的风险，当特定细分市场出现某些变故时，企业的抗风险能力降低。

上述三种策略各有利弊。旅游企业在对营销策略进行选择时，需要综合考量企业现实情况、企业所处的发展阶段、企业所经营的旅游产品的特点以及在市场上的发展潜力等因素进行策略选择，需要慎之又慎。

第三节　国际旅游市场基本状况

国际旅游是指人们为了除获取经济效益以外的某些目的，离开惯常居住国家，前往其他国家进行的旅游活动，通常期限不超过一年。国际旅游由两个部分组成，一是国内居民的出境旅游，二是其他国家居民进入本国入境旅游。

根据往年的旅游人次及旅游收入的统计资料可知，全球国际旅游初步形成于19世纪中期，从20世纪50年代起得到迅速发展，因此，通常将20世纪50年代至今的这段时期视为现代全球国际旅游时代。原云南省旅游局局长罗明义根据全球国际旅游人数、收入及其增长速度，将国际旅游的发展历程划分为三个阶段：国际旅游快速发展阶段（1950—1960年），国际旅游业的波动发展阶段（1960—1980年）和国际旅游业的可持续发展阶段（1980—2000年）。

进行旅游发展阶段划分，有助于把握国际旅游发展规律，认清发展现状，进一步摸索国际旅游在未来的发展趋势。旅游业的发展存在诸多影响因素，整体而言，国际

旅游概论

地缘政治的态势、国际安全以及经济格局的变化都对全球国际旅游发展进程有至关重要的影响。此外，随着旅游者消费技术水平和消费偏好的转变，国际旅游的态势也随之变化。

本书从全球旅游发展的一般环境因素（经济、政治、文化等因素）以及行业环境因素（如旅游市场需求、目的地变化趋势等因素）出发，将现代全球国际旅游（1950年至今）发展阶段划分为三个部分：欧美"两极化"、传统大众旅游热（1950—1980年）；旅游目的地呈多极化发展趋势，旅游休闲与新业态茁壮成长（1980—2000年）；各类因素相互作用，国际旅游业持续发展（2000年至今）。

一、全球国际旅游的发展阶段划分

1. 欧美"两极化"和传统大众旅游热（1950—1980年）

政治和经济是影响国际旅游的两大关键因素。20世纪50年代初期至20世纪90年代初期，以美国和苏联为首的两极格局僵持近40年，现代全球国际旅游的发展深受其影响。尽管当时许多国家都意识到了发展国际旅游的重要性，但碍于国与国之间意识形态的差异和政治经济上的摩擦，旅游等国际交流活动往往只存在于意识形态相近的国家之间。总体而言，这一时期全球国际旅游发展多有受限，规模不大。

欧洲和北美的经济在第二次世界大战后迅速复苏，得到了较快发展。欧美等地社会福利逐渐完善的同时，劳动者权益和奖励制度也日益得到保障，欧美地区旅游者的支付能力得到提升，闲暇时间增多。此外，欧美地区越来越多的企业开始将奖励旅游作为一种激励员工的措施，加快了国际旅游大众化、普及化的进程。由此，自20世纪60年代以来，大众旅游进入蓬勃发展阶段，其中团队形式的旅游尤其受旅游者喜爱。

2. 旅游目的地呈多极化发展趋势，旅游休闲与新业态开始成长（1980—2000年）

20世纪80年代以来，国际政治形势随着美苏两极格局的崩溃而有所缓和，不同意识形态的部分国家之间关系有所改善，其他国家中更多的旅游资源得到开发，相应的旅游配套设施日渐完善，此前旅游目的地的"两极格局"开始出现多极化发展趋势，国际旅游的重心开始从欧美地区向亚、非、拉地区偏移。20世纪90年代，东亚及太平洋地区国际旅游业年均增长率超越世界平均水平，达到7.5%。

1986—1989年，泰国接待的入境旅游者规模年均增长49.7万人次，增长率达到为19.5%，位列亚洲第一。自20世纪80年代以来，随着科学技术的进步和生产的发展，大众的闲暇时间和可支配收入的不断增加，旅游休闲和新业态成为一种新兴趋势。

总而言之，20世纪后期，休闲和旅游已逐渐成为经济发达的国家和地区人民生活中的重要组成部分。为了适应国际旅游市场的需求，海内外许多工业化城市开始主动转型，发展绿色生态的服务型产业。英国采取的行动便是一个极具代表性的例子。为了进一步完善旅游基础设施、增强吸引力，英国建设了多家室内运动中心及消费中心，并将多所工厂改造为展览馆、酒店及娱乐场所。如今，休闲旅游早已迈过初步发展阶段，这是国际旅游成长的大方向之一。

3. 各类因素交织,总体稳中有进(2000年至今)

进入21世纪后,旅游业在各个领域中发挥着愈发重要的作用,是外汇和就业的驱动器。世界旅游城市联合会于2020年发布的《世界旅游经济趋势报告(2020)》指出,2019年全球旅游总人次(包括国内旅游人次和入境旅游人次)为123.10亿;全球旅游总收入(包括国内旅游收入和入境旅游收入)为5.8万亿美元,相当于全球GDP的6.7%。

国际旅游市场朝着以亚洲、欧洲、美洲为热点的"三足鼎立"趋势发展。其中亚洲板块展现出惊人的活力和热度,其旅游规模和收入的增幅最大,而欧洲和美洲则有不同程度的下滑。此外,新兴经济体,如"金砖国家""新钻国家"等,旅游业份额不断提高,旅游总收入占全球份额的38.9%,同比增长37.1%。其中,巴西、俄罗斯、中国、印度和南非5个金砖国家的旅游业增势惊人,旅游总人次达到63.6亿。

就国际政治局势而言,"和平与发展"是21世纪全球发展的新主题,国际政治局势对全球旅游业发展的影响渐渐淡化,国与国、区域与区域之间的进一步交流合作加快了国际旅游的持续发展进程。

然而,从2000年至今,国际旅游也经历了一段波折历程。恐怖袭击、疫情爆发、金融危机、贸易摩擦和自然灾害等诸多因素对国际旅游的发展起到了不可忽视的负面影响。

世界各地恐怖活动时有发生。伦敦爆炸案、东京地铁人质案、美国贝鲁特爆炸案等恐怖袭击事件时刻为我们敲响警钟,当今世界并非风平浪静,恐怖主义、民族主义和宗教极端主义的存在仍然威胁国际旅游发展,甚至威胁着每个人的生命安全。

除恐怖主义外,近些年传染病疫情和自然灾害也时常对全球国际旅游业造成创伤。传染病疫情等重大公共卫生事件具有明显的传染性,且影响范围广大,波及的不是某个个体,而是整个群体。倘若某地区爆发一种流行病,往往需要人们采取居家隔离等措施进行防范,而旅游活动离不开人员的流动,因此,重大公共卫生事件是全球旅游业发展的巨大阻碍。

尽管自然灾害对旅游业的打击不似传染病那样致命,但其严重程度也不可忽视。例如,2004年南太平洋发生的海啸导致该地区的旅游业经历了很长一段恢复期才重归海啸爆发前的发展水平。21世纪以来,世界各国的旅游业都曾或多或少遭受恐怖主义、大流行病和自然灾害的波及。

随着世界经济一体化进程加快,2008年,美国房贷巨头股价暴跌,引发的金融风暴如多米诺骨牌一般迅速席卷全球,爆发世界金融危机。企业纷纷宣告破产,大量失业人口涌上街头,抗议游行甚至暴动接连不断,全球经济陷入低谷,旅游者的数量和消费水平显著滑坡。2009年1月,世界旅游组织发布了一份有关全球旅游业的气象报告,报告中指出,2008年经济危机爆发后,国际旅游业发展速度显著减缓。根据美国国家旅游办公室公布的数据,近几年中国前往美国的旅游人数增长幅度骤降。2016年,前往美国旅游的中国游客增幅为16%,2017年仅为4%,而2018年甚至呈负增长状态,前往美国旅游的总人次低于 300 万，降幅达 5.9%。

在多重因素交织的国际背景下，全球国际旅游业的发展面临着诸多挑战。如今，信息技术的飞速进步为跨境旅游电商和区域合作网的发展和建设提供了技术支持，国际旅游区域的联系和合作逐渐紧密，部分跨国旅游集团或企业的实力和抗风险能力提升。此外，国与国之间需要进一步开放合作，共同实现更高的经济效益和人民的共同利益。届时，全球国际旅游将以更成熟的姿态面临更大挑战。

第四节　我国旅游市场的细分

一、我国的入境旅游市场

1. 入境旅游市场的发展与现状

世界旅游联盟发布的《中国入境旅游数据分析报告》显示，2018 年，来华旅游的客源市场规模刷新了往年的记录，总人次高达 1.41 亿，同比增长 1.2%。

鉴于中国入境旅游行业的重要性和发展的迅速性，合理地规划和开发中国的入境旅游业成为一个政策的热点。

港澳台同胞和外国居民是中国入境游的主要旅游者来源。其中，港澳台同胞的占比很大，达到 90%。相较之港澳台游客，外国游客所占比重明显偏低，通常处于 10%~20%，不过所占市场份额有稳定扩张的趋势。从另一层面上看，国际旅游客源地的热度很大程度上取决于该地的国际地位和综合形象。着眼于入境旅游和海外市场的发展现势和所占分量，本章将着重剖析入境旅游的海外市场。

2. 客源市场状况

统计数据表明，按近年来世界各地的来华旅游人次进行排列，中国入境旅游的外国人市场依次为：

①亚洲市场；②欧洲市场；③美洲市场；④大洋洲市场；⑤非洲市场。1978—2010 年入境旅游规模见表 6-4-1。

表 6-4-1　1978—2010 年入境旅游规模　　　　单位：万元

年份	总计	外国人	华侨	港澳台同胞
1978	180.92	22.96	1.81	156.15
1979	420.39	36.24	2.09	382.06
1980	570.25	52.91	3.44	513.9
1985	1 783.31	137.05	8.48	1 637.78
1990	2 746.18	174.73	9.11	2 562.34
1995	4 638.65	588.67	1.58	4 038.4

第六章　旅游市场

续表

年份	总计	外国人	华侨	港澳台同胞
2000	8 344.39	1 016.04	7.55	7 320.8
2005	12 029.22	2 025.51		10 003.71
2010	12 862.17	2 612.69		10 249.48

（资料来源：李天元《旅游学概论》）

随着中国的经济稳步发展、国际地位提升和国际影响力增强，来中国的欧洲游客数量显著增长。从来华旅游规模来看，相较于20世纪80年代，欧洲市场排名从第三位上升到第二位。相关统计数据显示，20世纪90年代，英国、德国和法国来华旅游人数均已超过10万人次，进入21世纪后逐年增加。目前，这三个欧洲国家每年来华客流量皆已超过50万人次。此外，由于苏联的解体，较之于20世纪80年代，俄罗斯也逐渐成为重要的境外来华旅游客源地。

进入21世纪以来，来华旅游客源国的组成结构和占比排序渐趋稳定。

由表6-4-2可知，我国旅游业的主要海外客源市场大多为亚太地区邻近国家和欧美国家。2010年，中国国际旅游市场排名前十的旅游客源国分别是韩国、日本、俄罗斯、美国、马来西亚、新加坡、越南、菲律宾、蒙古和加拿大，其中包含七个亚洲国家和三个欧美国家，由此可见，来华旅游客源市场呈现出近邻化趋势，这意味着今后我国的国际客源将更集中于亚洲。根据国际旅游客源市场规律，这一趋势的出现很可能意味着我国旅游业国际客源市场已经趋于成熟。

表6-4-2　中国旅游业十大国际客源国的构成和排序

年份\序号	1981	1988	1991	1995	2001	2005	2010
1	日本	日本	日本	日本	日本	韩国	韩国
2	美国	美国	美国	韩国	韩国	日本	日本
3	英国	英国	俄罗斯	美国	俄罗斯	俄罗斯	俄罗斯
4	澳大利亚	德国	英国	俄罗斯	美国	美国	美国
5	菲律宾	菲律宾	菲律宾	蒙古	马来西亚	马来西亚	马来西亚
6	法国	泰国	马来西亚	新加坡	新加坡	新加坡	新加坡
7	新加坡	新加坡	新加坡	马来西亚	菲律宾	菲律宾	越南
8	德国	法国	德国	菲律宾	蒙古	蒙古	菲律宾
9	泰国	加拿大	泰国	英国	英国	泰国	蒙古
10	加拿大	澳大利亚	法国	泰国	泰国	英国	加拿大

（资料来源：李天元《旅游学概论》）

旅游概论

二、我国的国内旅游市场

1. 国内旅游市场发展与现状

改革开放后，我国国内旅游市场步入初级成长阶段，20世纪90年代开始快速成长。随着社会生产力的提高，国内生产总值整体呈上升趋势，人民的生活水平不断提高，人们在物质需求得到满足的同时，开始追求更高层次的精神体验。改革开放初期，社会生产水平还比较落后，1978年，我国入境旅游总收入仅2.63亿美元，而截至2019年，我国国内旅游总收入达到6.63万亿元，入境旅游收入达到1.31亿美元。

中国坐拥丰富的旅游资源，其国内旅游市场规模位居世界第一。1998年12月，中央经济工作会议正式将旅游业确立为我国国民经济新的增长点，全国各地对旅游业的重视程度越来越高，目前，我国国内旅游收入总量已经达到我国国际旅游收入总量的两倍有余。

2. 中国旅游市场的发展特征

（1）发展空间大

近些年，我国国内旅游的游客规模和需求总量飞快增长，甚至远大于入境旅游市场规模。2010年，我国国内旅游总人次达到21.03亿，而同年入境旅游总人次仅为1.3亿，国内旅游收入共12 579.99亿元，是入境旅游总收入（458.14亿美元）的4.5倍。中国国内旅游市场规模现居于世界第一。

（2）地域差异显著

我国国内旅游市场在区域上有着显著差异，地理环境导致了我国各区域人口聚集、经济发展的密度和进度不一。我国东部的沿海地区人口稠密、经济发达，我国国内旅游的大部分客源均来自该地区，不过，随着我国对中西部旅游业的扶持，中西部旅游市场也开始释放其活力，区域间的差异正在逐步缩小。

（3）短途旅行占比大

现阶段，尽管我国居民的整体消费能力有所上升，但大部分居民的旅游支付水平还是相对有限的。此外，由于我国还未全面实施带薪年假制度，因此大多数居民所拥有的闲暇时间比较碎片化。这些因素导致我国国内旅游活动的主要形式为短途旅游，且旅游活动时间大多不超过5天。

（4）散客比重大

我国国内旅游消费形式多以散客为主。在国内旅游市场上，旅游方式不断变化，选择以团体形式进行旅游的旅游者越来越少，散客数量不断增加，在旅游市场中占比提高，已经成为旅游市场的主导客户群。

（5）出游时间较为集中

由于休假制度使得我国居民出游相对集中在一段时间。通常来说，法定节假日，尤其是持续时间较长的长假和小长假，如春节、寒暑假、"十一"黄金周等容易出现出游高峰期。这种集中性的出游高潮和假期制度密切相关。

三、我国居民的出境旅游

首先有必要说明的是，对于任何一个国家来说，本国居民的出境旅游不仅无助于本国的经济增收，反而会造成本国经济的"漏损"。其原因在于，本国居民出境游的开展，所购买和消费的内容，实际上并不是本国的旅游产品，因此，根据本章对旅游市场的界定，这些出境游旅游者并不能算作本国旅游产品客源市场。也正是由于这一原因，在国际社会中，我们似乎见不到有人会基于发展本国或本地旅游经济的立场去讨论本国或本地出境旅游"市场"。当然，对于某些旅游咨询机构，因受个别委托方的委托（譬如受某旅行社或某国外目的地营销组织的委托）而展开的这类市场调研，则另当别论。因此，此时的这种研究已不是在基于发展本国或本地旅游经济的立场去考虑问题，而是站在有关委托方的立场上，服务于委托方的某种商业性需要。

一个国家的国民旅游通常由两部分组成，即本国居民的国内旅游和出境旅游。事实上，出境旅游在我国国民旅游总量中所占的相对比重并不大，但是在我国基数庞大的国民旅游市场之上，出境旅游的绝对人数还是相当可观的。原国家旅游局（现为中华人民共和国文化和旅游部）统计数据显示，2000年，我国出境旅游规模为1 047万人次，2005年达到3 103万人次，2010年进一步增加至5 738万人次，是2010年的5.5倍。

1. 我国出境旅游活动分类

从对旅游文献的研究中可以发现，国际上通常认为，出境旅游是一国国民跨越国际边界，前往其他国家或地区所开展的旅游活动。从便于旅游管理的角度出发，原国家旅游局（现为中华人民共和国文化和旅游部）根据本国实际情况，将中国出境旅游定义为"中国公民自费出境旅游"，并具体将其划分为以下三个部分：

（1）出国旅游

出国旅游实际上是指在中国境内居住的公民自付费用，参加合法经营的旅行社的组织，前往经中国政府批准开发的境外旅游目的地进行旅游活动。

在出国旅游发展的初期，我国居民的出国游目的大多是出于亲友社交。经过十余年的发展，我国对公民以探亲访友为目的的旅游进行了相应的政策调整，比如，出国旅游费用从主要由海外亲友承担开始转变为由旅游者自己承担，且可批准的出境旅游原因也进一步放宽。如今，经我国政府批准的中国居民出国旅游目的地已由最初的新加坡、马来西亚、泰国三国扩大到世界各地的百余个国家。

（2）边境旅游

边境旅游同样属于中国国民出境旅游活动，是指居住在中国境内的中国公民在具有特别经营权的旅行社组织下，以旅游团的形式从指定的边境口岸出境，前往目的地国规定的边境地区开展国际旅游活动。

1987年，由辽宁丹东组织的前往朝鲜新义州的旅行团是最初的边境旅游的雏形，自此，经我国主管部门批准，黑龙江省、吉林省、辽宁省、内蒙古自治区、新疆维吾尔自治区、云南省及广西壮族自治区逐步开展前往与我国接壤国家的边境旅游活动。

（3）港澳台旅游

此处所称的港澳台旅游，最初为我国居民在有特别经营权的旅行社的组织下，以旅游团形式前往香港、澳门或台湾地区进行的旅游活动。随后，中国居民到香港或澳门的自由行也被涵盖在内。

1983年11月15日，由25名中国公民组成的旅游团从广州出发，前往香港旅游探亲，香港媒体将其称作"新中国第一团"。1984年，国务院正式批准了各部门上报的关于组织归侨、侨眷和港澳台眷属前往香港、澳门地区的探亲旅游的请示。其中，中国旅行社总社负责指挥和组织工作，中国各地旅行社受其委托承办相关事宜。从那时起，这类以探亲为主要目的前往香港、澳门的旅游活动慢慢发展为以休闲观光为主要目的的自费游。2008年，中国台湾地区与大陆实现了双向直接通邮、通商与通航，越来越多的大陆居民选择赴台开展旅游活动。

2. 我国出境旅游发展特征

（1）市场：总体发展稳定，细分日益明显

在过去的20年里，中国出境旅游者的数量整体保持稳定增长。

2016年6月27日，旅游研究机构艾瑞咨询发布了《中国在线出境游市场研究报告2016》（以下简称《报告》）。《报告》的数据显示，2015年，中国出境旅游规模已上升至1.2亿人次。若论中国出境旅游的快速增长，不得不提到两个方面的因素，其一是我国健康稳定发展的经济，其二是近年来人民币汇率的升高。

从出境旅游的供给来看，大众化产品仍占据市场的半壁江山，但是近年来，旅游供给商逐渐感受到旅游者需求的个性化转变，深度奢华游、冒险旅游等非大众、非常规的旅游类型越来越受消费者青睐。

（2）目的地：近距离旅游为主导，远距离总体呈上升趋势

近年来，我国出境旅游的主要目的地集中在近距离的周边地区和国家。亚洲游仍占据主导地位，欧洲游开始复苏。

2016年，以亚洲国家和地区为目的地的出境跟团游总人数达到5 657万，占据出境游总人数的82%。其中，港澳台旅游总人次为1 221万；泰国连续两年成为我国消费者最喜爱的出境游目的地，总人次突破911万；韩国、日本紧随其后，分别达到了757万人次和688万人次。同年，欧洲出境跟团游约占总规模的12%，较2015年同比上升14.89%。由于安全、签证等因素，自2016年起，以欧洲为目的地的出境旅游增长速度有所减缓，不过法国、俄罗斯、意大利、瑞典等国的旅游人数总量还是十分可观的。

总而言之，近距离的亚洲国家仍是我国目前出境游的热门目的地，一些远距离市场（如欧美国家）也备受旅游者喜爱。

（3）形式多样化

我国出境旅游形式日臻多元化。随着时代的发展，除多数以游览观光为目的的传统旅游外，市场上还涌现出商务旅游、奖励旅游等旅游新形式。近年来，我国越来越多的人

前往境外进行交流、接受培训。我国中央与多所境外著名高校和事业单位达成协定，制订了后备干部海外培训计划。此外，我国诸多省市颇为重视派遣人员前往海外的培训考察计划。

（4）更加注重旅游体验

旅游经济发展也受到"体验经济"的影响，旅游者对出游质量有了进一步更高的要求。随着我国经济的发展，居民人均可支配收入增加，消费能力也有所提升，自然而然，高端旅游产品和特殊的旅行方式愈发受到旅游者青睐。与此同时，许多海外旅游企业更注重开发具有特色的品牌产品，如澳大利亚的大堡礁体验、韩国的娱乐影视旅游、西班牙布尼奥尔镇的西红柿大战等。旅游产品逐渐摆脱初级阶段的浅层次、低价位的特征，朝着深层高端的方向发展。

（5）商务旅游持续上升

根据我国相关政策规定，公务出差通常不被纳入休闲旅游范畴，因此，我国出境旅游通常只涵盖自费出境游和度假活动。由于我国对外开放程度加深，与其他国家之间经济文化上的来往日渐密切，商务旅游的规模不可避免地增大。

然而，旅游活动所需要的材料和证件涉及经营管理部门的方方面面，因此商务旅游与大众旅游之间的界限开始模糊，逐渐转变为我国出境旅游市场的构成部分之一。

（6）营销多样化

多年来，我国旅行社一直沿用传统的营销方式进行出境旅游的市场营销，所有的相关营销任务都交由某一单体旅行社独立完成。这种策略存在一定的弊端。单个旅行社所拥有的资金和人力通常是有限的，因此很难发挥规模作用，最终收获的营销效果并不理想。

随着我国出境旅游市场规模的扩大和互联网新技术的更新换代，许多旅行社渐渐认识到了存在的问题并尝试改变状况。部分旅游企业和旅游组织开始尝试将新媒体与传统营销方式融合，利用"大数据"网络对市场信息进行整合，一些分散的旅游企业达成协定开展合作，谋求规模效益。另外，目前我国经营出境旅游的旅游经销商通常采用直营形式，利用企业品牌进行销售；而旅游批发商往往利用产品的品牌进行销售。

思考题

1. 简述中国旅游市场的状况。
2. 什么是旅游市场？
3. 什么是旅游市场营销？
4. 我国出境旅游的特点有哪些？
5. 我国入境旅游的特点有哪些？

参 考 文 献

［1］芮田生，阎洪. 旅游市场细分研究述评［J］. 旅游科学，2009，23（5）：59-63.

［2］徐秀美，李洁．刍议现代全球国际旅游的阶段划分——兼论全球国际旅游市场的未来走势［J］．旅游论坛，2012，5（5）：93-97．

［3］罗浩，张瑜璇．中国的入境旅游客源市场收敛吗？［J］．旅游学刊，2018，33（7）：28-39．

［4］王克军．主要客源国对中国入境旅游市场的贡献分析［J］．旅游学刊，2017，32（1）：32-41．

［5］邓艾民，孟秋莉．旅游学概论［M］．武汉：华中科技大学出版社，2017．

［6］李天元．旅游学概论［M］．天津：南开大学出版社，2014．

［7］卢松，潘立新．旅游学概论［M］．合肥：安徽人民出版社，2008．

［8］王德刚．旅游学概论［M］．北京：清华大学出版社，2012．

［9］刘琼英．旅游学概论［M］．桂林：广西师范大学出版社，2014．

第七章 旅游组织

学习目标

本章对旅游组织的发展及现有国内及国际旅游组织进行了介绍，使读者能够对旅游组织的内涵、分类及职能深入了解，而且还介绍了相关旅游政策和法律法规，以帮助读者形成完整的旅游组织认知体系。

主要内容

1. 旅游组织内涵、分类及职能。
2. 国际主要旅游组织介绍。
3. 国内主要旅游组织介绍。
4. 旅游政策和法律法规。

第一节 旅游组织的内涵

旅游行业的发展态势日益上升，为了对其进行有效的管理，保障旅游业的可持续发展，目前所有国家（地区）都设立了各种旅游机构和旅游组织。既有国家政府直接设立的官方组织，也有经国家政府认可的民间组织，这些不同类型和层次的旅游管理组织具有本国特色又不乏相似之处，在不同程度上促进旅游业的发展。

一、旅游组织的分类

旅游组织包含的组织形式根据不同的权力和地位主要分为旅游行政组织和旅游行业组织。

1. 旅游行政组织

旅游行政组织是由国家政府设立并行使旅游行政管理职能的机构，属于国家政府职能部门。它的主要任务是通过发布行政命令和制定相关法律法规来履行对不同旅游组织及其活动进行组织、协调、控制、监督的职能。

依据组织不同的管理权限范围又分为国家旅游组织和地方旅游组织。

（1）国家旅游组织

全国性的旅游行政管理组织，一般统称为国家旅游组织（National Tourism Organization，NTO 或 National Tourism Administration，NTA）。世界旅游组织定义国家旅游组织是国家政府承认并负责管理全国性旅游事务的组织，一般都是这个国家最高旅游行政管理机构。

国家旅游组织的设立形式根据各国的国情差异有所不同，主要分为三类：

1）官方性质的组织

官方性质的组织是作为一个独立的政府部门存在，由国家直接设立和管理的组织机构。不同国家的官方旅游组织又有着不同的设置：菲律宾、墨西哥、泰国等国家中的最高旅游行政管理机构是设置为一个完整而独立的旅游局或相当于部的旅游局；法国、意大利、葡萄牙和斯里兰卡等国家的官方旅游组织则设置成一个混合部，即将其他部门合并为一个部；美国、加拿大、日本和匈牙利等国家的官方旅游组织设置为某一部门的下辖机构。

2）半官方性质的组织

半官方性质的组织是指在被国家认可后，代表国家政府进行全国的旅游行政管理工作的组织。

由于国家政府的某一部门只对涉及旅游发展的重大决策负责，其余涉旅事务则需要某一机构或部门来处理，因此，国家设立了半官方性质的组织来对全国旅游行政工作进行管理。但是，该组织在编排上并不是政府机构，其工作人员的身份也不是公务员，只是该组织的部分经费由国家政府拨款。加拿大旅游委员会（Canadian Tourism Commission）以及澳大利亚旅游局（Tourism Australia）都属于这种法定组织。

3）民间组织

民间组织一般是指由民间自发组成的，受到国家政府认可的非党政、非企事业单位的社会组织。其主要代行政府行政管理职能，能够获得政府的经济支持，但是该组织的领导一般是由该组织里的会员通过民主的方式选举产生，而非国家指派。例如德国和新加坡。

（2）地方旅游组织

地方旅游组织是指为了组织管理一个国家某一地区的旅游事务，通过当地政府和上级旅游组织合作协调，促进其旅游业发展的地方政府机构或组织。地方旅游组织所管理的区域范围有差异，所以这类旅游组织又可分为省、自治区、直辖市等一级地方旅游组织。

2. 旅游行业组织

旅游行业组织是旅游业中为了实现各利益主体（旅游企业、团体、个人等）之间的沟通和交流，促进业内可持续良性发展，实现行业自律，保护旅游者权益，自愿联合组成的民间性质社会组织。该组织的原则是自愿和非营利，通过积极参与旅游活动，为旅游者创造进行经济活动和非经济活动良好的条件。根据不同的旅游行业组织的范围不同，可以将其分为世界性的旅游行业组织、区域性的旅游行业组织和国家或地方旅游行业组织。如新加坡这类旅游业比较发达、私人企业比较活跃的国家或地区，其旅游行业组织一般是半官方性质，对旅游行业各领域起着重要的协调作用。

二、旅游组织的职能

不同的国家由于旅游经济社会水平发展的不平等，所以它们根据自身国情设立的旅游组织并不相同，在管理协调其旅游事务中的作用和地位也不一致。当一个国家旅游业处于起步初期，需要规范化的引导和管理，则政府性质的官方的旅游组织会在其旅游发展中起到更大的作用；而旅游发展较为成熟的国家，则需要更多发展的自由空间和多元主体参与的创新发展，此时，具有半官方性质以及民间性质的旅游组织将发挥更大的作用。

1. 旅游行政组织的职能

①规划旅游业的发展。
②拟定旅游政策和法律法规。
③对旅游实行全面管理。
④宣传推销旅游产品。
⑤统计分析旅游者偏好并制定营销策略。
⑥管理与指导旅游教育培训与就业。
⑦制定与管理出入境旅游事务。
⑧依法管理、监督和检查对从事或者涉及旅游业务的企事业单位。

2. 旅游行业组织的职能

旅游行业组织有两种职能：服务职能和管理职能。服务职能为旅游企业等提供业内交流和沟通，促进行业内良好的协作；管理职能则区别于政府性质的强制性、规范性的管理，是依靠其自身的号召力和权威所形成的职能。但有的国家政府性质的旅游组织会介入旅游行业组织的管理范畴，使行业组织的某些职能被取代，削弱了其在旅游业发展中的作用。

旅游行业组织有以下基本职能：
①"代表人"的职能，出席有关旅游业相关事业的活动，并向其提供建议和咨询。
②联系各旅游企业，交流情况和经验，定期将行业相关数据和资料通过期刊等出版物进行公布。
③开展联合推销和市场开拓活动。
④为成员开设培训班和专业咨询业务，负责举办专业研讨会。
⑤制定成员遵守的准则和会约。
⑥调查研究行业经营管理和发展出现的问题，并采取相应措施解决。
⑦阻止行业内部的不合理竞争。

旅游概论

第二节 国际性旅游组织

现代的旅游业是国际性的经济活动，旅游业的快速发展增强了各国及地区之间的文化交流和经济往来。在双方或多方的交往中，由于地域的差异，难以避免会出现矛盾和摩擦，产生国际问题。因此，具有协调作用的国际旅游组织应运而生，作为协调的机构，各种国际旅游组织的成立是很有必要的。

一、国际旅游组织概况

国际旅游组织有狭义和广义之分。狭义上的国际旅游组织是指多个国家共同签署协议，达成共识，成为组织成员并派遣工作人员前往，共同为各国家利益工作和服务的全面性国际旅游组织（如世界旅游组织）。广义上的国际旅游组织则在狭义定义的基础上，囊括了那些工作涉及或专职于国际旅游事务的国际组织或国际性旅游同行业组织。

国际性旅游组织的常用划分标准主要有四种：

①按加盟成员划分，分为以个人为单位、以公司企业为单位、以社会团体为单位，以及以国家政府代表为单位的国际旅游组织等。

②按组织的性质或地位划分，分为政府间组织和非政府间组织两类。在国际旅游组织中，更多的是非政府间组织，由来自不同国家的企业、团体机构或个人，基于共同的兴趣或利益而成立，但是也并不排斥本国政府部门的加入。

③按组织工作涉及的地域划分，分为全球性组织和地区性组织两类。

④按组织职能范围或工作领域划分，分为全面涉及国际间各种旅游事务的专职性组织、只涉及某一旅游业领域事务的国际同行业组织以及工作领域部分涉及国际间旅游事务的一般性国际组织。

二、主要的国际旅游组织

1. 世界旅游组织

世界旅游组织是最具代表性、知名度和影响力的国际旅游组织，也是目前世界上唯一全面涉及国际旅游事务的全球性政府间机构。

世界旅游组织的英文全称是 World Tourism Organization，曾简称 WTO。后来，由于世界贸易组织（World Trade Organization）的英文简称同样也是"WTO"，为了避免发生理解上的混淆，从 2003 年开始，世界旅游组织将其英文名简称改用"UNWTO"，意指作为联合国特别代理机构的世界旅游组织。

世界旅游组织最早由国际官方旅游宣传组织联盟（IUOTPO）发展而来。1975 年 1 月 2 日，世界旅游组织正式宣告成立，1976 年将组织总部迁往西班牙马德里。世界旅游组织的最高权力机构是全体大会。全体大会每两年举行一次，会议期间主要讨论世界各地的旅游进展、今后工作计划以及对有关问题的研究。在大会期间负责行使全体大会职权的是下设的执行委员会，并且执行委员会每年至少召开两次会议，主要负责讨论世界旅游组织的工作和预算问题。

世界旅游组织的优先性任务包括：

①倡导世界各国重视发展旅游业。倡导旅游业作为社会经济增长和发展的驱动力的价值，将其列为国家和国际政策的优先事项，以及为旅游业的发展和繁荣创造公平的竞争环境。

②提升旅游竞争力。通过知识创造和交流、人力资源开发和促进在政策规划、统计和市场趋势、可持续旅游发展、营销和推广、产品开发、风险和危机管理等领域的卓越表现，世界旅游组织成员可以提高竞争力。

③促进旅游可持续发展。支持可持续旅游政策和做法包括：使环境资源得到最佳利用、尊重东道社区的社会文化真实性和为所有人提供社会经济利益的政策。

④增大旅游业对消除贫困和实现发展的贡献。通过使旅游业成为发展的工具并促进将旅游业纳入发展议程，最大限度地发挥旅游业对消除贫困和实现千年发展目标的贡献。

⑤倡导并组织联手合作。与私营部门、区域和地方旅游组织、学术界和研究机构、民间社会和联合国系统合作，建立一个更可持续、更负责任和更具竞争力的旅游部门。

⑥促进知识、教育和能力建设。支持各国评估和满足其在教育和培训方面的需要，并为知识创造和交流提供网络。

主要的活动包括：

①旅游技术援助。世界旅游组织作为联合国开发计划署的执行机构，在对各国旅游技术的发展过程中应发挥指导作用。

②开展旅游统计与调研。世界旅游组织的调研工作包括：制订有关旅游测量工作的国际标准、测评旅游业对各国经济的影响、预测旅游业发展的未来前景、出版旅游调研成果，等等。

③旅游教育培训活动。近些年来这类工作的开展主要涉及两个方面：一方面，是为旅游教育工作制定标准，如旅游教育机构的资质认证（TedQual）、旅游专业毕业生的能力测试（GTAT）；另一方面，是为成员国负责旅游管理工作的官员举办专题讲座，并为其提供远程教育及实习机会。

④旅游环境保护活动。世界旅游组织积极倡导旅游的可持续发展，强调树立有利于对自然环境和地方文化保护的新旅游发展理念，并努力沟通各国政府及私营部门加深对保护生态环境的理解，为未来的旅游业持续发展创造良好条件。

⑤旅游出版活动。世界旅游组织拥有大量权威性的文献资料，每年都会将出版的著作和刊物提供给成员国。目前，它仍在不断努力，通过旅游信息网络和国际互联网收集和发布的数据，形成世界旅游信息资料的交流中心。

2. 世界旅游业理事会

世界旅游业理事会（World Travel & Tourism Council，WTTC）成立于1990年，作为一

个全球性的非政府间组织,其成员包括一些全球旅游业企业的总裁、董事长和首席执行官等企业高管,这些公司的业务都直接或间接地涉及旅游相关行业。例如,住宿业、娱乐业、交通运输业以及其他旅游服务行业等。

世界旅游业理事会致力于提高人们对旅游业的认识,旅游业是世界上最大的经济部门之一,为全球1/10工作岗位(共计3.3亿个工作岗位)提供支持,并创造全球GDP的10.3%。2019年,旅游业增长3.5%,连续第九年超过全球经济的增长(2.5%)。近年来,旅游业提供了许多新的工作岗位,为解决国家就业问题提供了帮助,使旅游业成为各国政府创造就业机会的最佳领域。

世界旅游业理事会的使命是加深人们对旅游业为经济和社会所做贡献的认识,同时,谋求和各国政府的合作,通过制定相应的政策和法律法规来挖掘旅游业的潜力,创造财富并增加就业机会。该理事会希望在旅游发展中使所有的利益相关者都能成为合作伙伴,促进旅游企业、国家经济、各级政府、当地社会的需要协调统一。

世界旅游业理事会是世界旅游业界企业们的代表机构,从企业角度发声全球旅游业发展前景,对全球旅游业的发展具有独特影响力。据世界旅游业理事会预测,未来10年,旅游业对GDP的直接贡献预计将以年均3.8%的速度增长。因此,世界旅游业理事会平均每年将提供900万个新工作岗位,为全球各地的社区提供安全的生计。

3. 太平洋亚洲旅游协会

太平洋亚洲旅游协会(Pacific Asia Travel Association,PATA)成立于1951年,1986年改用此名,原名为太平洋地区旅游协会。1998年6月,将总部迁至泰国曼谷,设有两个分部:一个在菲律宾马尼拉,分管东亚地区事务;一个在澳大利亚悉尼,分管南太平洋地区事务。

太平洋亚洲旅游协会的活动范围涉及亚太地区乃至全世界,其主要工作内容包括旅游从业人员的培训、国家合作以及亚太地区旅游的开发与推广。其宗旨是发展、促进和便利世界各国旅游者,包括本地区居民在该地区的旅游。该协会的活动除每年召开的年会外,还举办太平洋旅游博览会,为会员提供了旅游产品工序的谈判场所和各种商机,是亚太地区旅游界十分重视的一个协会。

1993年,中国加入太平洋亚洲旅游协会。

4. 世界旅行社协会联合会

世界旅行社协会联合会(Universal Federation of Travel Agents Association,UFTAA)成立于1966年,是最大的民间性国际旅游组织之一,总部设在比利时的布鲁塞尔。

该组织的使命是成为一个国际论坛,处理影响世界旅游业的问题,在政府机构、供应商和其他国际实体面前代表和维护进出口旅行社、旅行社和旅游机构的利益。为了履行其使命,世界旅行社协会联合会发展了以下职能:

①集合了世界各地的全国性旅行社行业协会,调解会员间在开展业务方面发生的纠纷。

②代表旅行社与其他涉旅企业或旅游供应商等相关企业建立合作关系。

③对旅行社行业在经济、政策和法律法规等各方面给予最大的保护。
④为会员提供物质、业务和技术方面必要的指导和支持。

中国旅游协会于1995年加入世界旅行社协会联合会。

5. 国际航空运输协会

国际航空运输协会（International Air Transport Association，IATA）是一个囊括全世界各大航空公司的国际性组织，于1945年在古巴哈瓦那正式成立，总部设在加拿大蒙特利尔，执行总部设在瑞士日内瓦。它的宗旨是促进安全、正规和经济的航空运输，促进航空商业并研究与此有关的问题。

该协会的主要任务是为世界航空运输业制定业务标准并规范其行为，使各国际航空公司在客运机票、货运单据、安全条款等方面实行国际标准化。它建立起的一整套稳定的国际运价模式衔接了国际间快速的联运预订和航班，连接了许多航空公司各自经营的国际航线，形成一个统一的公共服务系统。此外，该协会的活动还涉足其他领域，例如提供行业帮助、环保和消费者问题、行业监督和法律援助、航班时刻表的制定、飞行安全以及其他方面的会员服务。

6. 国际民用航空组织

国际民用航空组织（International Civil Aviation Organization，ICAO）（以下简称"国际民航组织"），前身为空中航行国际委员会（ICAO）。1947年，《芝加哥公约》正式生效，国际民航组织也正式成立。

国际民航组织与《国际民用航空公约》（《芝加哥公约》）的成员国和行业集团进行合作，就国际民用航空的标准和建议措施及政策达成一致，以支持一个安全、有效、经济可持续和对环境负责的民用航空业。国际民航组织成员国在这样的条件下确保其本地民用航空运行和规章符合全球规范，促使全球航空网络内每天10万多架次航班在世界各个地区安全可靠地运行。

该组织的核心工作就是与成员国和行业之间就国际标准和建议措施及政策达成共识。除其他优先事项和方案外，国际民航组织还对各国进行帮助和能力建设活动，以支持各国航空发展进程。与此同时，该组织还编写全球计划，协调安全和空中航行的多边战略性进程，监测并报告航空运输部门各种绩效衡量指标，以及测评各国在安全、安保方面的民用航空监督能力。

7. 国际旅馆协会

国际旅馆协会（International Hotel&Restaurant Association，IHA）于1946年在英国伦敦成立，总部设在法国巴黎，是旅馆和饭店业的国际性组织。

国际旅馆协会的宗旨是联合世界各国的旅馆业协会，研究国际旅馆业经营发展过程中出现的问题，协调和维护相关行业间的关系和利益。在联合国跨国委员会的指导下，该协会积极参与旅馆相关的工作；调查统计市场信息数据并传播；为会员提供培训和咨询服务。

8. 世界一流酒店组织

世界一流酒店组织（The Leading Hotels of The World，TLHTW）于1928年在瑞士成立，总部设在美国纽约，是世界一流的酒店和订房组织。该组织的宗旨是吸纳世界各地的最佳旅馆加入组织，保持和提高世界各地一流酒店的地位、服务和优良传统。

该组织在世界各地设置了办事处，通过地球卫星通信系统，遍布全球的办事处可以及时、准确地提供各个世界一流酒店里的客房信息，从而尽快处理和确认宾客的订单。酒店必须在质量、管理、位置等多方面都达到最高标准并配备现代化的管理技术和设施设备，只有通过专门的严格检查和审定，才能成为该组织的会员。为了维护组织会员的高标准和优质形象，该组织设有执行委员会定期对每个酒店成员进行监督检查，不合格者将被除名。

第三节　我国的旅游组织

我国的旅游组织主要包括旅游行政管理机构和旅游行业组织两种类型。旅游行政管理机构主要以中华人民共和国文化和旅游部（原国家旅游局）及各省、自治区、直辖市和地方旅游行政机构组成，负责管理全国旅游行业的发展。而旅游行业组织主要是加强行业间的沟通和协作管理，保护旅游者的权益，提高行业的影响力和信誉。

一、中华人民共和国文化和旅游部

中华人民共和国文化和旅游部（以下简称"文化和旅游部"）是中华人民共和国文化和旅游部内设机构，是根据党的十九届三中全会审议通过的《中共中央关于深化党和国家机构改革的决定》《深化党和国家机构改革方案》和第十三届全国人民代表大会第一次会议批准的《国务院机构改革方案》（以下简称《方案》）设立的。为增强文化自信和提高国家文化软实力，统筹发展文化事业，促进旅游资源开发，推动文化事业、文化产业和旅游业的融会贯通，方案提出，不再单独设置文化部和国家旅游局，将整合文化部、国家旅游局的职责，成立中华人民共和国文化和旅游部。

1. 主要职责

文化和旅游部的主要职责涉及文化产业、旅游事业、全国文化和旅游市场等多方面，最重要的是贯彻落实党的文化工作方针政策，并根据实际情况，统筹规划文化和旅游事业的进一步发展，起草相关的法律草案，推进其体制机制改革；同时，还要管理全国性重大文化活动事业，指导并促进文化事业和旅游科技创新发展，促进对外合作和国际市场的推广等。

2. 机构设置

文化和旅游部下设办公厅、政策法规司、人事司、财务司、艺术司、公共服务司、科技教育司、非物质文化遗产司、产业发展司、资源开发司、市场管理司、文化市场综合执法监督局、国际交流与合作局（港澳台办公室）、机关党委和离退休干部局。

二、旅游行业协调组织

我国旅游行业组织主要有中国旅游协会、中国旅行社协会、中国旅游饭店业协会和中国旅游车船协会，由于后三者的工作开展都接受中国旅游协会的指导，所以也可说我国目前最具代表性的全国性旅游行业组织是中国旅游协会。

此外，省、自治区，直辖市等地方层级也大多设立了很多旅游行业协会，既有团体会员也有个体会员，在开展工作时都接受该地旅游行政组织的指导。大部分来自旅游相关行业、相联系的其他部门单位、旅游科研单位及旅游教育机构。

1. 中国旅游协会

中国旅游协会（China Tourism Association，CTA）于 1986 年 1 月 30 日成立，是国务院批准正式成立的第一个旅游全行业组织。该协会是由中国旅游行业相关的企事业单位、社会团体自愿结成的全国性、行业性、非营利性社团组织。其会员组成以国内著名旅游集团、省级旅游协会和重要的旅游协会等机构为主。

2. 中国旅行社协会

中国旅行社协会（China Association of Travel Services，CATS）于 1997 年 10 月成立，是由中国境内的旅行社、各地区性旅行社协会等单位平等自愿组成的全国性旅行社团组织。

该协会每四年举行一次的会员代表大会是它的最高权利机构。协会设立理事会和常务理事会，分别对会员代表大会负责和理事会负责并在闭会期间行使其职权。

3. 中国旅游饭店业协会

中国旅游饭店业协会（China Tourist Hotel Association，CTHA）成立于 1986 年 2 月，是由中国境内的旅游饭店、饭店管理公司（集团）等企事业单位和各级相关社会团体平等自愿结成的全国性、行业性、非营利性的社会组织。

该协会的宗旨是调查研究如何改进旅游饭店的经营管理，同时帮助会员单位提高经营管理水平和服务质量，促进旅游饭店业的发展。协会面向基层，为会员饭店服务。该协会的主要任务包括维护旅游饭店的合法权益、总结交流旅游饭店管理经验、开展培训旅游饭店管理人员的活动和专业讲座等。

4. 中国旅游车船协会

中国旅游车船协会（China Tourism Automobile & Cruise Association，CTACA）是行业性、全国性、非营利性的社会组织。由中国旅游车船运营企业、旅游车船及零部件生产企业、旅游车船租赁企业等与旅游车船业务有关的其他组织以及旅游车船行业资深管理人员和知名研究人员平等自愿结成，具有独立的社团法人资格。其重要的任务是促进我国旅游车船事业的发展进步。

旅游概论

第四节　旅游政策法规

随着旅游活动范围的扩大，旅游业对经济增长的影响越来越受到重视，所有国家或地区的政府几乎无一不重视本国或本地区旅游业的健康发展。为实现本国旅游业的持续健康发展，各国政府通过制定相关政策法规，促进旅游业的规范化管理。随着我国旅游事业的蒸蒸日上，其发展的必然趋势应是加深经济体制的改革，制定相关政策和法律法规对旅游业进行管理。

一、旅游政策的内容和特性

旅游政策是国家政府部门和最高旅游行政管理机构为促进旅游业的良性健康发展，根据社会经济发展水平、旅游业发展现状以及未来发展目标制定出来的一系列发展措施和方法的集合，旅游政策既包括指导实现发展前景所设定目标的发展方针，也包括规范发展过程中的行为准则的具体政策。一个国家所能制定出的优秀的政策，应当立足本国国情，结合现阶段的经济发展状况、国家政治利益和安全、人民群众的物质和精神需要。这个方针政策应具有科学和切实可行的特点才能推动本国旅游事业的顺利发展。

1. 旅游政策的内容

一个科学的旅游政策必定是基于本国国情，符合国家宏观经济、社会、文化发展状况以及不同地域的民族特点和地方风格而制定出来的一套政策方针。其大致内容为以下几方面：

①目标明确。明确旅游事业发展的起点、必要的过程转折以及最终要实现的目标和效果。

②环境因素。根据当下和预测的未来发展环境，列出实现目标的优劣因素，进而分析社会环境和内部条件。

③任务主体。完成任务的群体和社会组织。

④策略和方案。政策是原则性的，还需要辅以若干可实施的手段措施，即达成目标的方法。

⑤任务期限。政策必须有完成任务的时间限制，具有阶段性的行动准则。

2. 旅游政策的特性

科学合理的旅游政策包含可行性、全面性、协调性、灵活性、前瞻性。

①可行性：旅游政策的制定是为了旅游行业更加规范、旅游业发展更加磅礴，那么其的制定与实施必然需要很高的可行性。

②全面性：旅游业是一个综合性产业，涉及交通、住宿等产业。旅游政策的制定不仅需要囊括旅游者和旅游机构等主体，还应涉及交通、住宿、购物等主体。另外，也应将其各利益关系包含在内，以使其影响力更加全面。

③协调性：各行各业都是一个独立且相互联系的主体。旅游政策的制定与执行需要考虑旅游业及其相关行业之间的关系，对其进行协调，以使各方利益达到最大化。

④灵活性：社会不断地发展，人类文明不断地前进。在旅游业发展的过程中，会不断地产生新的思维和抛弃落后的观点，那么旅游政策的制定需要保持一定的灵活性，以使后期能够对其进行一定的修改，保证其能够最大限度地发挥作用。

⑤前瞻性：旅游业的短期发展具有一定的可预测性。旅游政策的制定和执行需要考虑短期内旅游业的发展情况，以使该政策能够发挥短期的稳定作用。

二、旅游政策的制定

制定旅游政策时，需要考虑长远利益与当前利益相结合，整体利益与局部利益相结合，因为这是国家总规划里社会经济发展政策的重要组成，而且，必须立足于本国国情，参考研究国内外的发展态势，制定的方针政策能够有效指导旅游业的发展。

另外，制定旅游政策需要坚持严谨的态度，对旅游发展现状进行调查研究，进而分析其发展规律，对未来发展趋势做出预测，在此基础上制定决策指导旅游业发展。

1. 调查研究

旅游政策制定的基础和前提是实地、科学、有效地调研。旅游政策的制定必定是要依靠大量真实有效的信息，而真实信息基于对本国、本地区旅游发展的深入调查，因此，需要掌握科学的调查方法和手段，充分搜集各种资料和证据，全面客观地研究发展旅游业的优势和可能带来的经济效益和社会效益，同时，也要注意其发展过程中产生的负面影响。

2. 分析市场

需要对调查获取的数据、资料和信息进行分析研究，进而预测未来旅游市场的发展趋势。对该地区的旅游需求、旅游供给能力进行充分的估计，主要包括食、住、行、游、购、娱旅游六要素所涉及的基础和服务设施，以此作为制定旅游政策的客观依据。

3. 确定目标

国家发展旅游业的目的是多方面的，如经济目标、社会政治目标、生态环境保护目标等。制定政策一定要明确其核心目标和一般目标，以及实现目标的时间进度安排。这是制定旅游政策的核心。

4. 拟定政策

明确市场情况以及未来发展目标后，则可以进行政策的大纲拟定，再进一步细化政策内容。

5. 组织执行

注意，在具体实施的过程中，要结合实际客观环境和具体情况，进一步制定实施细则，确保总体目标的实现。

6. 评估政策

政策实施后，若要判断其完成情况，则需要对政策的实施成果进行评估，反馈成功的经验与失败的教训，进而有助于后续政策更好地实施。

三、我国发展旅游业的方针政策和相关法规

为实现旅游业的规范化管理和引导其向好发展，国家为旅游业的发展制定了相关的方针政策和法律法规。在政策扶持和法律规范的双重作用下，旅游业明确其发展阶段和发展方向，促使其蓬勃发展。

自 1985 年国务院颁布第一部旅游法规《旅行社管理暂行条例》以来，旅行行业的立法工作取得了很大成绩，如今新的政策和法律法规以及规章制度的问世，涉及旅游管理和发展的方方面面，在旅游的全行业管理方面发挥着越来越重要的作用。这里选择新近发布或具有重要地位的法规扼要地加以介绍。

1.《旅游法》

全国人民代表大会常务委员会于 2013 年 4 月 25 日发布《中华人民共和国旅游法》（以下简称《旅游法》），自 2013 年 10 月 1 日开始实行。《旅游法》以保障旅游者和旅游经营者合法权益、规范旅游市场秩序、保护和合理利用旅游资源、促进旅游业持续健康发展为目的，适用于中华人民共和国境内和中华人民共和国组织到境外的游览、度假、休闲等形式的旅游活动以及为旅游活动提供相关服务的经营活动。

《旅游法》采取综合立法模式，内容涉及旅游者、旅游规划和促进、旅游经营、旅游服务合同、旅游安全、旅游监督管理、旅游纠纷处理等多个方面，坚持以人为本，安全第一，充分发挥市场配置资源的基础性作用，确定统一的服务标准和市场准则，协调中央和地方旅游发展，对完善我国旅游法律制度和促进旅游健康可持续发展具有重要意义。

2.《旅行社在线经营与服务规范》

原国家旅游局（现为中华人民共和国文化和旅游部）于 2017 年 12 月 17 日发布《旅行社在线经营与服务规范》（以下简称《规范》）。《规范》规定了通过互联网在线经营和服务的旅行社的功能分类、经营基本要求、旅游信息在线展示要求、旅游产品在线交易要求和在线经营服务要求，适用范围是应用互联网经营旅游产品的旅行社。

《规范》指导旅行社在线经营与服务，对规范旅行社在线经营和保障旅游者权益具有重要意义。

3.《在线旅游经营服务管理暂行规定》

文化和旅游部于 2020 年 8 月 20 日发布《在线旅游经营服务管理暂行规定》（以下简称《规定》）。《规定》以保障旅游者合法权益、规范在线旅游市场秩序、促进在线旅游业可持续发展为目的，包含总则、在线旅游运营、监督检查、法律责任、附则等内容。

《规定》的出台，有效弥补了在线旅游企业经营监管的空白，完善了在线旅游领域的立法，有利于实现企业与政府数据互通，有助于解决在线旅游发展中的难点问题，对促进旅游业高质量发展具有重要意义。

4.《旅行社条例》

国务院于 2009 年 2 月 20 日发布《旅行社条例》（以下简称《条例》），并于 2016 年 2 月 26 日和 2017 年 3 月 1 日前后两次进行修订。《条例》以加强旅行社的管理、保障旅游者和旅行者合法权益、维护旅游市场秩序为目的，适用于中华人民共和国境内旅行社的设立与经营活动。

《条例》取代 1996 年 10 月 15 日国务院发布的《旅行社管理条例》，降低旅行社设立的门槛，采取"宽进严管"的思路，促进旅游行业发展，更加注重保护旅游者和旅行社双方的权益，有利于促进旅行社行业形成良性循环市场。

5.《旅游景区质量等级管理办法》

原国家旅游局（现为中华人民共和国文化和旅游部）于 2012 年 4 月 16 日发布《旅游景区质量等级管理办法》（以下简称《办法》）。《办法》以加强旅游景区质量等级评定和管理、提升旅游景区服务质量和管理水平、树立旅游景区行业良好形象、促进旅游业可持续发展为目的，适用于旅游景区质量等级的申请、评定、管理和责任处理。

《办法》包含总则、评定机构与证书标牌、申请与评定、检查员、管理与监督、附则等内容，对旅游景区实现动态管理，促进旅游景区科学化管理和健康发展。

6.《旅游民宿基本要求与评价》

文化和旅游部于 2019 年 7 月 3 日发布《旅游民宿基本要求与评价》（以下简称《要求与评价》）。《要求与评价》规定了旅游民宿的等级与标志、基本要求、等级划分条件、等级划分方法。该标准适用于正式营业的小型旅游住宿设施，包括但不限于客栈、庄园、宅院、驿站、山庄等。

思考题

1. 旅游组织的分类标准。
2. 主要的国际旅游组织有哪些？请至少列举三个。
3. 简述你对世界旅游组织、亚太旅游协会以及世界旅行社协会联合会的了解。
4. 简述旅游政策的特点。
5. 一个科学的旅游政策应该包含哪些内容？应如何制定旅游政策？

知识拓展

中文正式成为联合国世界旅游组织官方语言

联合国世界旅游组织（英文简称UNWTO）和西班牙政府正式通报，自2021年1月25日起，中文正式成为UNWTO官方语言。UNWTO为此专门制作了秘书长祖拉布·波洛利卡什维利的相关视频，以示祝贺。

UNWTO是全球最具影响力的政府间国际旅游组织，现有159个成员国，总部设在西班牙马德里，西班牙为其存约国。中国于1983年加入该组织。2007年11月，在UNWTO全体大会第17届会议上，中方提议将中文列为该组织官方语言。全体大会采纳了中方提议，并通过了对《世界旅游组织章程》第三十八条的修正案，即"本组织的官方语言为阿拉伯文、中文、英文、法文、俄文和西班牙文"。根据UNWTO章程规定，该修正案经全体大会通过后，尚须三分之二以上成员国履行批准手续后方可生效。自2007年修正案通过以来，为推动各成员国尽快履行批准手续，促成中文成为UNWTO官方语言早日生效，中方联合UNWTO做了大量工作。2021年1月，修正案批准国达到106个，符合法定数量，修正案正式生效。

语言是人类观念和思想表达的工具，是文化的重要载体。随着我国综合国力的不断增强，中文的国际影响力持续扩大，中文在国际社会上得到更加广泛的认可。中文成为UNWTO官方语言，提升了UNWTO作为联合国专门机构的完整性和权威性，提高了中文在国际组织的使用地位和使用比例，有利于我国在全球国际旅游事务中发挥更加积极的作用，更好地分享中国旅游业发展经验和机遇，为实现提高国家文化软实力、推进社会主义文化强国建设的目标，为推动构建人类命运共同体做出积极贡献。

（资料来源：中华人民共和国文化和旅游部，https://www.mct.gov.cn/whzx/whyw/202102/t20210220_921699.htm）"

参 考 文 献

［1］邓艾民，孟秋莉. 旅游学概论［M］. 武汉：华中科技大学出版社，2017.

［2］韩玉灵. 旅游法教程［M］. 北京：高等教育出版社，2018.

［3］机构改革为文化和旅游深度融合发展打下坚实基础［J］. 中国机构改革与管理，2019（4）：11–14.

［4］李天元. 旅游学概论［M］. 天津：南开大学出版社，2014.

［5］卢松，潘立新. 旅游学概论［M］. 合肥：安徽人民出版社，2008.

［6］罗明义，毛剑梅. 旅游服务贸易：理论·政策·实务［M］. 昆明：云南大学出版社，2007.

第八章　旅游信息系统

学习目标

本章对旅游信息系统的发展现状进行了描述，使读者可以了解旅游领域信息技术、OTA、智慧旅游的发展概况；帮助读者把握最前沿的旅游发展方向，构建旅游信息系统认知体系。

主要内容

1. 现代新型信息技术在旅游业中的应用。
2. 旅游电子商务的发展现状。
3. 智慧旅游的建设和发展概况。

第一节　信息技术在旅游业中的应用

一、信息时代旅游行业的特点

1. 旅游服务信息化

旅游过程离不开旅游服务，传统的旅游服务都是由服务人员随时准备为旅游者提供服务，在一定程度上耗费了劳动力也降低了效率。随着计算机、互联网、物联网、云计算等信息技术的快速发展，旅游服务中的很多环节都实现了信息化，主要的两个方面是：交易信息化和导游服务信息化。

2. 自发游客增多

信息技术为旅游者搜寻出游信息提供了更多的渠道，旅游者可以从自身兴趣自发组织出游活动，自行选择出游目的地。

3. 旅行社的转型

信息时代的旅游者有了更多的选择，自助游就是目前人们最为喜欢的旅游方式之一，这就给旅行社提出了新的要求，需要不断更新旅游信息和策划出更多的旅游线路来满足旅游者个性化、多元化的出行需求。

二、信息技术对旅游业的影响

信息技术的快速发展超乎人们的想象，同时，全面渗透了人类的社会、经济生活，对其产生了深远的影响和根本性的改变。有人称我们所经历的这段历史进程为一场"信息技术革命"，将人类社会进入的时代称作"信息经济时代"或"数字经济时代"。信息技术的广泛应用展现出的普遍性，使经济社会中的部门都无法割裂成单独的个体发展，都没能避免信息技术带来的高效的改革效果，旅游业就是其中被信息技术"改造"的一员。

信息技术已经渗透到旅游行业的方方面面。对于旅游经营商来说，信息技术使得获取市场需求信息更加便利，能为旅游者提供更加个性化的服务；从旅游者的角度来说，信息技术使得其获取出游信息的渠道更加广泛，也渗透到了消费者衣食住行的方方面面。

信息技术对旅游业的具体影响可概括为以下三种情况：

①提高了工作效率。信息技术在旅游行业的应用缩短了交易流程，减少了中间机构的工作量，减少了交易过程的工作量，提高了工作效率。

②降低了消费成本。例如，旅游电子商务的出现消除了交易过程的距离限制，大大降低了消费成本。

③方便了广大旅游者。旅游者可以运用手机、电脑等多媒体设备直观地感知旅游产品，提前了解到服务流程，大大降低了旅游前的预备精力。

三、信息技术在旅游行业的应用

在全球化和信息化的背景下，信息技术革命与信息化建设使旅游体系不再是简单的个体组合，利用计算机技术、网络技术、电子智能技术等信息技术手段为旅游者提供一条龙的综合化服务，并且在此基础上不断满足游客的个性化需求，是当前旅游业的发展趋势，也是各旅游地提升核心竞争力的出路。

信息技术提高了旅游行业的信息处理能力和效率，并逐步深入应用。在方远平、阳玉珍和毕斗斗（2018）所著的《信息技术对旅游业创新影响研究述评》中，他们在宏观上将信息技术在旅游业的应用分为了产业层面和企业层面。

产业层面上，中西方的研究都表明信息技术最先应用于航空公司，然后才延伸到酒店、旅游业等相关的一系列行业。往后的发展历程中，在信息技术方面一直处于领先地位的是航空公司和酒店。旅游产业的技术创新主要从旅游产品、旅游服务以及信息技术三个方面来实现。

企业层面上，信息技术应用到旅游业中逐渐成为创新行为。从已有的研究方向来看，考察旅游企业信息技术创新的动机通常是市场需求、企业竞争、企业利润。从市场需求的角度来看，近几年发展得热火朝天的电子商务就是信息技术的一种商业模式，而旅游电子商务很大程度上满足了旅游者的个性化需求。在这样的技术协助下，旅游企业可以随客户要求提供其服务。从竞争优势的角度来看，信息技术（如互联网、中央预订系统、其他电子分销系统等）可以被视为相对有竞争力的新资源。从企业利润来看，信息技术能够大大提高企业工作效率，提高企业绩效。

微观上，信息技术在旅游业中的应用体现在旅游酒店、旅游交通、餐饮等方面，以下为简略介绍：

（1）信息技术在旅游酒店中的应用

首先是客房的在线预订。随着旅游电子商务迅猛发展，网上预订和购买旅游服务变得十分方便，还能及时在手机等移动端查询订单信息，根据旅游者自身的情况自行调整，选择在线支付或其他要求。其次是酒店通信服务。客房服务和酒店信息查询都充分利用了语音、数据、图像等信息技术，便利和丰富了旅游者的体验。

（2）信息技术在旅游交通中的应用

航空公司在应用信息技术这一方面处于领先地位。例如，美国主要的航空公司在20世纪70年代就开始使用计算机建立机票预订系统，便于旅游者订购座位。如今，互联网和定位技术的发展，使信息技术在旅游交通中的应用更加深入。一方面，是机票预订；另一方面，是定位系统的应用。

（3）信息技术在旅游餐饮中的应用

客人可以选择在网络上预订座位和点菜，缩短了等待的时间，简化了服务流程，而且能感知到更好的服务，同时，扫码点单等服务也得到了更加广泛的推广，不仅实现了服务台与客人之间的无接触式服务，还能进行远距离信息传递，将客人的订单和要求发送至厨房和服务员手上。

四、未来5G时代的旅游行业发展趋势

5G时代的到来得到了各行各业的重视，几乎所有人都关注到了5G所能带来的巨大收益，旅游从业者也不例外。5G在旅游业能起到的作用可想而知，在"衣食住行游购娱"方面有着广泛的应用，尤其是景区游览、酒店服务和公共服务方面都将发生巨大革新。

在景区游览方面，5G的虚拟现实技术能够丰富旅游的内容，扩宽空间维度，提升旅游者体验感，同时，随着数字化建设的不断深入，5G网络资源在未来将成为旅游景区运营必备的基础设施之一。

酒店业的硬件条件是其服务的重要组成部分之一，也是旅游者评价其服务质量的重要凭据之一。体验感极佳的硬件甚至可以成为酒店在与对手竞争中胜出的重要竞争力。5G技术的应用将使酒店场景随客人发生改变，为客人提供更多元化的感受，使其增值。客人从入住前到住宿期间以及离开后都会有新的体验，从而提高了酒店服务质量。

5G技术的商用化前景十分明朗，使万物互联，带动了其他高新技术的发展，构造出了"智慧旅游大脑"，尤其在智慧城市、智慧旅游、城市规划等公共服务领域也显露出了自己的优势。

第二节　旅游电子商务

随着消费水平的提高和物质需求的基本满足，人们开始将目光转投到精神需求层面。因此，社会对于旅游的需求日渐增大。传统的旅游业经营模式已经不适用于如今的旅游者心理，他们渴求个性化的服务，对服务质量和效率的优劣有着不同以往的评判标准，促使如电子商务这类的新兴商业模式出现和发展。电子商务能够处理大量信息、提高工作效率并且能够实现供需的及时对接，可以为今后的旅游发展提供必要的技术支持。

一、旅游电子商务的内涵及类型

旅游电子商务（OTA）利用现代信息技术实现了旅游企业内部和外部资源的整合，通过网络实现旅游产品的推广和宣传，直接与旅游者建立起沟通的渠道，实现旅游产品的线上销售。这个平台上可实现知识共享，同时，增进二者之间的交流，是一种新的网络运营模式。

1. 旅游电子商务的内涵

电子商务是利用计算机技术、网络技术和远程通信技术，实现客户和供应商之间的线上交易。其中包括线上营销、线上销售、电子支付、物流递交以及售前和售后服务等环节。

从技术层面来看，旅游电子商务是利用现代信息技术手段，对旅游业中的信息数据进行采集和交换，以此开展旅游商务活动。电子商务旅游可以说是现代信息技术与旅游商务的结合，它结合了高新技术，拓宽了获取信息资源的渠道，将旅游商务电子化和信息化，丰富了旅游服务的形式。

从应用层次来看，旅游电子商务分为企业、市场和环境三个层次。旅游企业是推动旅游市场发展的执行主体，它们所要做的就是面向市场，以市场活动为中心，利用电子商务进行旅游交易。旅游经济活动在电子商务平台的正常开展业务需要环境的支持和规范，这三个层次的良好协调合作，才能使电子商务得到更好的发展，提高工作效率。

2. 旅游电子商务的类型

（1）按交易主体划分

B2B（Business to Business）交易模式，如阿里巴巴；B2C（Business to Customer）交易模式，如当当；C2C（Customer to Customer）交易模式，如淘宝。

（2）按信息终端的类型划分

按信息终端形式进行划分，旅游电子商务可以分为：网站电子商务（W-Commerce）、语音电子商务（V-Commerce）、移动电子商务（Mobile-Commerce）以及多媒体电子商务（Multimedia-Commerce）。

第八章 旅游信息系统

二、我国旅游电子商务的发展现状和问题

我国旅游电子商务系统虽然开始建设的时间比较晚，但正好处于高新技术改革和快速发展的时期，所以我国的旅游电子商务也逐渐跟上了其他国家的步伐。我国加入世界贸易组织后，电子商务平台的数量快速增加，许多企业开办了自己的电子商务平台，旅游业也加入其中。这种现象的出现有利有弊，快速发展的背后带来了一系列的问题，比如我国的电子商务技术系统还未健全，人们对其的认知只是浮于表面，还不能充分利用电子商务的优势。

1. 我国旅游电子商务的发展现状

随着我国经济和生活水平的提高，物质方面的满足使得人们越来越关注自身的精神文化层面，并对此提出了更高的要求。计算机互联网的进步，使旅游电子商务平台的交易规模不断攀升，加快旅游业的发展速度，满足人们对旅游业更高的要求。根据中商产业研究院发布的《2019—2024年中国网络购物市场前景及投资机会研究报告》，2013—2017年，我国的电子商务交易额从10.40万亿元增长到29.16万亿元。2018年我国电子商务整体交易规模约为28.4万亿元，2019年更是突破30万亿大关，电子商务交易额达到34.81万亿元。

2. 我国旅游电子商务面临的问题

（1）市场定位不准确，投入成本过高

越来越多的旅游企业加入旅游电子商务，刺激了行业的竞争。一方面，一些新进的电子商务企业尚未明确自己的市场定位和发展重点，但是为了吸引游客，往往会采用降低价格的方式打开消费者市场，没有下限的价格战使得旅游市场出现了混乱。另一方面，个别平台为了吸引客户，在广告中投入巨大，占据平台维护成本和运营成本重大比例。

（2）服务体系不健全，消费者信任度匮乏

旅游电子商务活动的增多也带来了很多平台与客户之间的纠纷问题，其中就有平台低价出售机票又违约的现象。这样的情况只会导致用户对该平台的信任度急剧下降，使消费者的购买行为受到很大的影响。

另外，平台的人员素质参差不齐，部分人员为了业绩铤而走险，做出违法规则的行为，以欺骗的方式让客户购买自己的旅游产品，在销售完成后很容易造成纠纷，从而降低了顾客忠诚度。

（3）旅游网站经营模式雷同，缺乏个性服务

建立电子商务渠道几乎是旅游企业间的大潮流，但很多旅行社只是在形式上建设，缺乏内容和推广，也不重视电子商务的经济效应。由于电子商务和网站管理等技术性要求较高，专业性人员不足会造成旅游网站的模式化建设，千篇一律，而且由于缺乏可以参考借鉴的发展经验，因此电子商务在发展过程中更需要自己摸索。当前，在旅游市场逐渐呈现个性化的趋势下，旅游网站的雷同建设不能满足客户的多元化需求。由于这些公司的忽视

旅游概论

而造成了直接的经济损失和客户的流失，导致客户忠诚度低下。

三、我国旅游电子商务发展方向

1. 强化外部合作，完善平台建设

电子商务的发展一方面要注重线上内容和服务的产出质量，另一方面也要加强与线下实体企业的合作，实现线上线下的联动发展。联合两家或者两家以上的旅游企业，建立共同的发展战略和目的，但对这个过程不做硬性要求，原则是扬长避短，不断完善体系和提高整体的服务质量。作为联盟还要发挥资源共享的作用，扩大在"食住行游购娱"方面的影响力。对于潜在的客户也要充分挖掘，发挥差异化服务竞争，突出企业的自身特点。

电子旅游平台的售后服务工作极其重要，优质的服务引导客户留下好的评价，这对平台的品牌传播具有良好的效应。

2. 加强网站管理，树立电商品牌

进行市场细分和目标市场选择，积极建立诚信旅游电子商务品牌，诚信意味着稳固的基石。初期确实需要更多人来了解品牌，但不可以为了推广而抛弃了原则和底线，给人留下不好的印象，只有优质的产品和良好的售后服务才能使旅游电子商务进一步发展。

3. 挖掘客户需求，形成特色服务

如今的消费者更倾向于选择个性化、丰富且有特色的服务，这就意味着平台网站的信息要随时更新，这样才能吸引或者留住客户。网页设计方面也需要重视，要有一定的艺术水平，跟进潮流。

除了信息的更新，还要注意旅游产品的更新换代，要充分利用"大数据"技术，设计个性化的旅游产品，体现当下的人性化和情感化，可以设置咨询服务，及时了解到客户的想法、个人兴趣、支付能力等。

第三节　智慧旅游

一、智慧旅游的起源

"智慧"这一概念源于2008年国际商业机器公司（IBM）总裁彭明盛关于"智慧地球"的演讲。智慧是智能的高级阶段，但在范畴上超出了智能，智慧在智能之上更考虑人的充分参与和发挥作用。智慧城市（Smart City）是对"智慧地球"的具体实践和主要实现方式。智慧城市是指利用各种现代信息技术，整合城市服务和资源，提高城市管理运行效率，实现城市居民便捷化生活，提高居民生活质量的现代城市管理技术。

智慧旅游（Smar Tourism）是从智慧城市的概念中衍生出来的，同时，也是智慧城市的组成部分之一，因为几乎所有的城市都具备旅游的功能，其希望通过建设智慧旅游促进

旅游产业的跨越式发展，满足游客多样化和个性化的需求，实现旅游资源的有效整合和高效使用。

二、智慧旅游的概念

智慧旅游目前在我国很多城市已经进行了新一轮的建设，但依旧处于发展的初期阶段，对其进行的学术研究还停留在初级阶段，因此智慧旅游的概念目前尚未形成统一、标准的定义。学者们对于智慧旅游概念的认识以及对于智慧旅游的定义虽有不同的侧重，但认知是相同的——智慧旅游通过利用高新信息技术，改善旅游管理和服务，提升游客体验，实现旅游业向高质量发展的转型升级。

三、我国智慧旅游建设简述

智慧旅游城市建设取得初步成果。2009年，国务院出台了《国务院关于加快发展旅游业的意见》（国办发〔2009〕41号），确定将旅游产业培育成国民经济的战略性支柱产业和人民群众更加满意的现代服务业。2012年，原国家旅游局（现为中华人民共和国文化和旅游部）确定了北京等18个城市为"国家智慧旅游试点城市"。2013年，天津、广州、杭州、青岛、长春、郑州等15个城市被确定为"第二批国家智慧旅游试点城市"。我国提出智慧旅游发展计划的城市达60个以上，其中浙江、福建、四川、吉林、河南、青海等16个省市区出台了相关规划。

智慧景区建设助力智慧文旅发展。最早于2015年，龙门石窟与腾讯联手打造全国首个"互联网+智慧景区"，促进龙门文化与智慧旅游的创新融合。智慧景区建设取得显著成果，形成了故宫、长城、龙门石窟、秦始皇兵马俑、敦煌莫高窟等多家智慧景区全国标杆。2018年，江西井冈山、河南嵩山少林、吉林长白山、新疆天山天池、黑龙江五大连池以及陕西西安城墙·碑林六大景区先后加入智慧景区建设行列。2019年年底，国家发改委发布《关于改善节假日旅游出行环境促进旅游消费的实施意见》，其中明确指出各地要大力发展"智慧景区"，加强智慧景区建设，提升智慧旅游服务水平。

智慧交通建设发展前景广阔。作为"智慧城市"的重要组成部分，智慧交通建设有利于交通智能化升级。2017年，交通运输部办公厅发布《智慧交通让出行更便捷行动方案（2017—2020年）》（交办科技〔2017〕134号），以提升城际交通出行智能化水平，加快城市交通出行智能化发展，大力推广城乡和农村客运智能化应用，以不断完善智慧出行发展环境为行动内容，提出一系列行动任务。2019年10月，浙江省围绕"持续推进城市智慧交通建设"开展民生协商论坛；同年12月，致力于打造智慧交通建设的全国样板《上海智慧交通建设白皮书》启动编制。

智慧酒店建设依然是行业蓝海。"无人酒店""自助酒店"等成为"智慧酒店"的代名词，"智慧酒店"服务也主要表现为自助入住机、智能机器人、智能客控、线上预约小程序等，实际应用仍有待继续优化，并且表现为单一系统的智能化，与真正意义上的智慧酒店仍有区别，故智慧酒店的发展任重而道远。

四、智慧旅游的未来趋势和目标

原国家旅游局（现为中华人民共和国文化和旅游部）将2014年确定为"智慧旅游年"，旨在通过利用通信网络、高性能的信息处理、智能数据挖掘、虚拟展示等现代技术来改变单一的旅游方式。智慧旅游从服务流程、硬件设施等多方面让人们的旅游体验越来越好，未来将继续围绕智慧服务、智慧营销、智慧管理深入发展。

智慧旅游的发展呈现以下趋势：

1. 全面智慧互联

智慧旅游中物联网、互联网、云计算的应用将智慧旅游要素连接起来，形成智慧旅游全面智慧互联场景，打造全场景体验，如通过智能传感器设备将旅游景点、文物古迹、城市公共设施联网，实时感测旅游产业链上下游发展情况，优化旅游体验等。

2. 充分整合数据

打破不同领域数据壁垒，构建旅游资源核心数据库，将旅游景区、酒店、交通等设施的物联网与互联网系统连接和融合起来，实现行政数据与行业平台数据融合互通，以数据为基础进行智慧服务、智慧管理、智慧营销的更迭优化。

3. 高效协同运作

结合已整合的数据，以智慧旅游的基础性旅游服务设施为基础，在智慧城市的统筹下形成智慧旅游各领域协同发展模式，使智慧旅游产业链上各个系统高效协同运作，以保证城市旅游系统达到最佳状态。

4. 丰富行业创新

智慧旅游的发展仍有很长的路要走，未来的发展需要不断的行业创新提供动力，政府、旅游企业和旅游者需要在现有智慧旅游服务基础设施之上进行科技、业务、商业模式等方面的创新应用，促进智慧旅游健康高质量发展。

如今，智慧旅游发展初具成效，大多数发展智慧旅游的城市和景区已经基本实现了旅游信息化，处于智慧旅游的初级发展阶段。根据我国旅游发展现状预测，未来智慧旅游的发展在于服务，目前的信息化已经为旅游者提供了在旅游过程中的各种便利，但高精尖技术终究要"落地"，尤其在5G时代到来的大背景下，应该是以旅游者的个性化需求为导向，进一步地完善旅游产业。

在此发展趋势下，智慧旅游的发展有以下五个重要目标：

1. 信息和数据的智能收集获取

只有对海量信息和数据进行整理、分析和挖掘，才可达到智慧旅游的标准。在此之前，信息和数据的收集和获取也应该是智能的和充分的。对于传统业态来说，海量信息的收集需要耗费大量的时间和劳动力，即使能够实现，成本和收益也不相匹配。5G时代，在物联网、大数据、人工智能等新一代信息技术的支撑下，海量信息的收集和获取成了易于实现的目标。因此，智慧旅游首先要求旅游管理部门能够自动地充分收集来自旅游资源、旅游商家、旅游者以及旅游周边环境等各方面的信息，取代原有的不充分、高成本的信息数据收集方式。

2. 旅游者一站式获取信息和旅游服务

如今，大多数旅游者在旅游的前期和过程中都习惯于通过手机、电脑等移动端设备，在互联网上了解旅游目的地的相关信息。而信息和相关服务的一站式获取是大多数游客的心愿。网络给旅游者提供了查找收集信息的便利，但也存在信息繁乱，无法保证真实性、权威性和时效性，营销推广信息混杂于普通信息中等情况，导致旅游者难以有效获取旅游地的信息和服务。智慧旅游要求旅游管理部门将旅游信息的提供发布纳入旅游服务之中，通过一些便捷的平台，如微信公众号、网站等，一站式提供旅游者需要的各种信息，并要求做到翔实可信、及时更新。与此同时，通过这一平台，向旅游者提供售票、咨询和其他旅游配套服务。从而实现旅游者一站式获取信息和服务，大幅提高旅游者旅游体验感。

3. 旅游相关部门信息联通共享和有效联动

智慧旅游的发展建设不仅只依赖于景区或旅游管理部门，也不仅限于狭义旅游资源的配置与管理。智慧旅游的建设需要所有涉旅部门的联合发展，也就意味着需要相关部门实现智慧化管理，从而达到多部门的高效协调的配合，使智慧化旅游景区建设达到最佳运行状态。智慧旅游的完全实现依赖于所在地区各部门的运行和管理水平。智慧旅游从本身出发，首先应该实现与旅游相关的各部门信息联通共享，以实现信息一站式发布，同时，实现对交通、公共安全等方面的协同管理和快速联动。

4. 提供个性化旅游服务和商品

智慧旅游借助大数据的分析手段，能够智能化地为旅游者提供个性化的旅游产品和定制化的旅游路线，这也是智慧旅游发展的重要目标。每个旅游地每天都会接待大量旅游者，旅游者对于旅游服务和旅游商品既有对于美的欣赏、对快捷便利的追求等共性的需求，也有着细微的、多样化的个性需求，对旅游者个性化需求的满足，将最大限度地提高游客旅游体验效果。具体来说，就是旅游地应该通过对旅游者特征和行为大数据的采集整理、分析挖掘，通过线上线下多种方式，向旅游者提供适销对路的旅游产品和服务。

5. 建立信息充分的有效市场

充分且真实有效的市场信息是旅游市场资源合理配置的关键，有助于市场在资源配置中的作用。当前，旅游市场低效率的很大一个原因是信息的不充分、不对等。但随着科学技术的进步，这一问题的解决成为可能，而智慧旅游也应以尽可能地实现信息充分为目标。如果游客获得了充分的市场信息，市场上就很难再出现欺客宰客的现象，商家之间也会更加充分地相互竞争，改善商品和服务质量。如果商家获得了充分的信息，则能够合理安排自己的生产、进货、存货和销售等多环节，很大程度上避免了生产和进货的盲目性，实现供给与需求更好地匹配。如果政府获得了充分的信息，则能够有效管理市场秩序，更好地提供公共服务，根据市场情况合理进行景区门票等旅游公共服务的政府定价工作等。

旅游概论

思考题

1. 试述信息技术在旅游行业的应用有哪些？
2. 试述旅游电子商务的内涵。
3. 思考我国旅游电子商务在发展过程中出现的问题，对此应有怎样的对策？
4. 阐释智慧旅游的发展趋势。

知识拓展

《文化和旅游部关于推动数字文化产业高质量发展的意见》解读

为贯彻落实党的十九届五中全会关于"实施文化产业数字化战略"的部署，文化和旅游部在总结近年来数字文化产业发展工作的基础上，结合产业发展新形势、新趋势，研究制定了《文化和旅游部关于推动数字文化产业高质量发展的意见》（以下简称《意见》）。

一、请介绍一下文化和旅游部出台《意见》的背景和意义？

答：习近平总书记多次就文化产业发展作出重要指示。2020年9月17日在湖南考察调研时指出，文化和科技融合，既催生了新的文化业态、延伸了文化产业链，又集聚了大量创新人才，是朝阳产业，大有前途。谋划"十四五"时期发展，要高度重视发展文化产业。9月22日在教育文化卫生体育领域专家代表座谈会上的讲话中强调，要顺应数字产业化和产业数字化发展趋势，加快发展新型文化业态，改造提升传统文化业态，提高质量效益和核心竞争力。

党的十九届五中全会就社会主义文化强国建设作出系统谋划和战略部署，提出繁荣发展文化事业和文化产业，健全现代文化产业体系，促进满足人民文化需求和增强人民精神力量相统一。《中共中央关于制定国民经济和社会发展第十四个五年规划和二〇三五年远景目标的建议》明确提出实施文化产业数字化战略，加快发展新型文化企业、文化业态、文化消费模式。

2017年，原文化部印发《关于推动数字文化产业创新发展的指导意见》，业界反响热烈，在全社会形成了推动数字文化产业创新发展的良好氛围，引导和促进了数字文化产业发展。2020年以来，国务院办公厅、发展改革委等先后印发《关于以新业态新模式引领新型消费加快发展的意见》《关于促进消费扩容提质加快形成强大国内市场的实施意见》《关于支持新业态新模式健康发展激活消费市场带动扩大就业的意见》等文件，着力培育新业态新消费新模式，引导产业复苏和创新发展。

当前，文化产业以创新驱动推进供给侧结构性改革，与数字技术协同推进、融合发展，新型业态蓬勃兴起，为产业高质量发展注入新动能，数字文化产业成为优化供给、满足人民美好生活需要的有效途径和文化产业转型升级的重要引擎。目前我国网民规模9.4亿，互联网普及率67%，超大规模市场优势为数字文化产业发展提供了广阔空间。数字文化产品具有传播网络化、消费个性化等特点，符合年轻消费者消费习惯，随着互联网和数字技术的广泛普及以及网民付费习惯的养成，数字文化产品的消费潜力和市场价值将得到进一步释放。同时，我国数字文化产业发展也还面临数字化水平不高、供给结构质量有待优化、新型业态培育不够、线上消费仍需培养巩固、数字化治理能力不足等新问题。

在此形势下，出台《意见》，明确数字文化产业发展的目标、思路和主要任务，有利于深化供给侧结构性改革，扩大优质数字文化产品供给，提高质量效益和核心竞争力；有利于以文化创意和科技创新培育新型业态，促进产业提质升级，增强发展新动能；有利于激发文化消费潜力，引领消费潮流，不断创造新的消费场景、满足消费需求；有利于推动数字经济格局下文化和旅游融合发展，与数字经济、实体经济融合发展，提升中华文化影响力和国家文化软实力；有利于引领青年文化消费，创作满足年轻用户多样化、个性化需求的产品，增强青年民族自豪感和文化自信心。

二、《意见》主要包含哪些内容？

答：《意见》以近年来党中央国务院就高质量发展、供给侧结构性改革、培育新业态新动能、扩内需促消费、完善要素市场、发展文化产业做出的系列部署为遵循，是国家层面关于数字文化产业发展的宏观性、指导性政策文件，与《文化部关于推动数字文化产业创新发展的指导意见》（文产发〔2017〕8号）相衔接，向社会和行业发出支持数字文化产业高质量发展的明确信号，引导产业发展方向，起到"稳预期""稳投资"作用。

文件内容分为五个部分：

第一部分"总体要求"提出数字文化产业高质量发展的指导思想、基本原则和发展目标。

第二部分"夯实数字文化产业发展基础"从内容建设、新基建、科技创新、数据要素、市场主体、产业标准等方面，强化产业基础能力建设，为高质量发展提供支撑。

第三部分"培育数字文化产业新型业态"，结合当前数字文化产业发展的新形势新趋势，明确新型业态培育的主要措施和重点领域，引导业界对新兴领域开拓创新。

第四部分"构建数字文化产业生态"，从产业链创新应用、完善创新服务、融入区域发展战略、优化市场环境、深化国际合作等方面，提出数字文化产业生态体系建设路径。

第五部分"保障措施"，从组织领导、财税金融、"放管服"、人才培养等方面，针对数字文化产业发展的重点环节，加强政策支持，完善要素市场，更好地发挥政府作用，营造产业发展的良好环境。

（资料来源：中华人民共和国文化和旅游部，https://www.mct.gov.cn/whzx/zcjd/202012/t20201225_920097.htm）

参考文献

［1］邓艾民，孟秋莉. 旅游学概论［M］. 武汉：华中科技大学出版社，2017.

［2］方远平，阳玉珍，毕斗斗. 信息技术对旅游业创新影响研究述评［J］. 旅游研究，2018（3）：18-30.

［3］傅凌玲. 我国电子商务与旅游业相结合的框架结构分析［J］. 商业经济研究，2017（3）：102-104.

［4］李喻. 对我国旅游电子商务发展问题的一些思考［J］. 中国市场，2019（22）：191-192.

［5］林德荣，郭晓琳. 旅游电子商务研究述评［J］. 旅游学刊，2008（12）：87-92.

［6］刘治彦，季俊宇，商波，等. 智慧旅游发展现状和趋势［J］. 企业经济，2019，38（10）：68-73.

［7］莫琨. 智慧旅游的安全威胁与对策探讨［J］. 旅游纵览（下半月），2013（2）：302-303.

［8］张凌云，黎巎，刘敏. 智慧旅游的基本概念与理论体系［J］. 旅游学刊，2012，27（5）：66-73.

［9］郑玮. 信息技术在旅游行业的应用［J］. 信息技术与信息化，2014（4）：93-94+96.

第九章　旅游效应

学习目标

本章对旅游效应进行了介绍，旨在使读者掌握旅游对于社会生活不同方面所形成的不同效应，具体包括对经济、文化与环境的正、负效应。另外，本章还结合时政方针，使读者能够掌握旅游可持续发展的相关要义。

主要内容

1. 旅游对经济的正、负效应及旅游经济效应正强化对策。
2. 旅游对文化的正、负效应及旅游文化效应正强化对策。
3. 旅游对环境的正、负效应及旅游环境效应正强化对策。
4. 明确旅游可持续发展的定义、内涵与模式。

第一节　旅游的经济效应

旅游业作为国民经济战略性支柱产业，其对经济发展的作用不言而喻。旅游业的发展不仅可以促进经济社会发展，增加国民收入，增加外汇收入，而且在促进就业领域相关产业发展方面发挥着巨大作用，但在促进经济发展的同时，旅游业也对经济造成了负面效应。

一、旅游对经济的正效应

1. 缩小贫富差距，增加国民收入

旅游业作为第三产业的支柱行业，对社会产出和国民收入有很大的影响，且主要影响社会产出能力。在旅游业带来的经济效益中，最明显的是旅游目的地的经济收入增加。旅游目的地发展旅游产业，使前往旅游目的地的人数迅速增加，而大量的人口流动带动了当地的经济效益。旅游者通常在旅游目的地消费较多，导致资金从高收入地区流向低收入地区，促进旅游目的地经济发展。当旅游经营者提供服务时，消费者付钱，服务提供者获利，促成财富在不同地区的流动，缩小目的地和客源地之间的贫富差距，随着旅游业的不断发展，当地经济的发展也得到了促进，有利于金融的均衡配置。当一个地区自然环境资源十分丰富，自然风光秀丽，但是传统的工业、农业十分贫乏时，旅游业往往可以迅速完成原始积累，对当地经济产生较大的促进与推动作用，使当地能够有效脱贫致富。

2. 拉动就业需求，扩大就业领域

旅游业是典型的劳动密集型产业，对于增加就业机会、解决就业问题有重要的作用。首先，旅游业的发展需要投入大量劳动力，能够为当地带来大量的就业机会，能够有效避免当地人才流失，实现当地居民本地就业；其次，旅游业是综合性产业，在自身发展的同时也带动了相关产业的快速发展，使相关产业也需要劳动力的投入，扩大了就业领域；最后，旅游业就业的类型多、层次广，旅游业行业门槛相对较低，对于人才专业需求并不十分高，可以吸引来自各行各业不同能力水平的劳动者，解决大量劳动力的就业问题。因此，大力发展旅游业，不仅可以促进经济发展，而且可以缓解大量失业人口的社会问题和就业压力。

3. 促进行业发展，辐射相关产业

旅游业是一个与其他行业高度相关的产业。它不仅与人们的生活息息相关，而且对其他产业的发展也有非常重要的影响。它不仅可以促进农、林、牧、渔、制造等第一、第二产业的发展，而且可以极大地带动相关第三产业迅速成长，但旅游业要发挥对其他产业最大的辐射效果的前提是一个社会首先满足了基本物质条件。一方面，旅游消费是一种处于终端的消费支出，是一种综合性的消费，其在社会总需求中占有一席之地［社会总需求是指以一个国家或地区在某时期内社会上的支出（投资和消费）所形成的对产品和劳务的实际的购买力的总量］。与此同时，旅游业的发展，带动了地方经济的持续蓬勃向好演进，这就会为地方带来各种各样的固定资产投资，也为地方今后数十年的发展带来了吸引物与保障。另一方面，它又在消费需求中占有非常重要的地位——它不仅为铁路、民航、公路、水路运输和酒店住宿运送大量游客，促进了交通住宿业发展，而且游客到达目的地后的一系列娱乐行为还会使文化与娱乐业持续繁荣兴盛。最后，游客每天就餐所涉及的餐饮业也会成为最大赢家之一。有数据表明，旅游业对餐饮业的贡献不会低于40%。综上，在旅游业的带动作用下，市政建设与城市环境优化也继而得到开展，从而保证当地城市设施与环境的优越，能尽量满足旅游业的基本要求，旅游业发展与城市发展形成良性循环，最终提高了当地的发展水平。

二、旅游对经济的负效应

1. 造成通货膨胀，致使物价飞涨

淡旺季影响旅游目的地价格波动。旅游业受休假制度等影响有明显的淡旺季，处在旅游旺季时，游客大量涌入旅游景区，会在景区及景区周边产生大量消费，使旅游景区门票价格不断上涨，破坏供需关系，形成季节性通货膨胀，影响当地居民的经济利益。

消费水平的不均衡造成旅游目的地物价飞涨。一般来说，旅游者的收入水平高于当地居民，当大量高消费人群进入旅游目的地时，他们往往愿意以更高的价格购买目的地提供的各种产品和服务，造成当地物价水平上涨，直接影响到目的地居民的经济利益。尤其是为了提高接待能力而建设的大型酒店等设施会使当地的房价上涨，对当地经济的健康发展产生较大的负面影响。当地居民收入的增长跟不上物价和生活费用的上涨速度，将严重损害当地居民的利益，给当地居民造成很大的困扰。

2. 导致盲目投资，出现重复建设

在旅游的开发过程中，由于当地政府的政绩导向和旅游投资商获利的目的，经常出现旅游项目开发不合理、基础设施重复建设等行为，导致在人员、资金等方面造成了严重浪费。与此同时，不加思考、低质量、低层次的旅游发展方针往往又会导致当地旅游反向发展，经历小高潮之后又迅速滑落，并最终崩盘。此时，这些盲目投资、盲目建设的旅游设施将会成为压在当地政府头上的巨大债务负担，最终不仅没能通过旅游致富，反而导致财政情况更加恶劣，资金持续外流，当地脱贫致富无望，更甚者滑入贫困的泥潭。

3. 扭曲产业结构，影响经济稳定

对于经济发展相对落后的地区，由于旅游业就业门槛较低，当社区居民发现从事旅游业所得收入高于其他行业收入时，便会转而从事旅游业，导致农副业等其他产业不正常衰退。有的乡村为了吸引旅游者，将粮食改种成花卉，减少粮食生产，不仅造成产业结构失衡，而且有可能影响国家粮食安全。

受旅游资源季节性等因素的影响，旅游活动多呈现淡旺季的明显区别。在旺季时，大量游客涌入景区，威胁到旅游景区的环境承载力。而进入淡季后，游客量减少，旅游从业者和生产资料进入闲置状态，收入减少，社会问题增加，影响国民经济稳定。

从旅游者的角度来说，旅游者收入水平、闲暇时间、旅游偏好的变化都会影响其最终的出游选择。一旦旅游者旅游兴趣发生转移，原来受欢迎的旅游目的地就会备受冷落而进入衰退，影响当地经济的平稳运行。

某些旅游景区也出现了欺诈旅游者的现象，这些都会导致该景点信誉下降，进而致使旅游者减少，对经济的促进作用也会下降。

最后，旅游业本身比较容易受到冲击，较为敏感。不管是目的地国还是客源国的政治、经济、社会和某些自然条件的变化，都有可能影响其正常发展。一旦旅游业本身受到冲击，旅游者的数量、规模都会迅速萎缩，这将对旅游目的地造成极大的负面影响与运转困难。

三、旅游地经济效应的正强化对策

1. 完善旅游服务配置，稳定市场物价水平

旅游资源的投资与建设应充分针对目的地旅游市场的具体体量与承载力。当地政府应明确地划分旅游淡旺季，科学、精准地掌握动态的旅游者数量，了解旅游地旅游经济资源

投入需求、旅游资源缺口、旅游资源上限等,从而对旅游地投入适当的旅游配套资源,节约经济财政开支,促进旅游地经济发展。避免投入过多旅游资源造成设施废弃与闲置,从而减少当地财政浪费与资金流失,充分发挥当地旅游带来的经济正效应;避免因旅游资源配置不合理而发生超过旅游景区承载力的现象,致使景区硬、软件设施受到破坏,而且需要占用大量财政资金进行修复,进而导致当地经济运转陷入困境。

对于旅游有可能引发的通货膨胀、物价飞涨的问题,地方政府应该制定有效的政策举措,建立健全的政策环境,在市场中充分发挥监督与导向作用,在经济发展过程中扮演一个强力的管理角色,稳定物价,使当地旅游业的发展真正惠及民众。

2. 提高旅游服务水平,用心维护游客关系

旅游服务水平,也是限制旅游资金投入回报比提升的关键因素。优质的旅游设施与旅游经济环境,还要搭配相应的旅游服务水平。相匹配的旅游服务水平可以保证旅游资源的最大化利用并收到最高好评率。在游览过程中,如果游客不仅对旅游硬件和软件设施体验满意,而且能对旅游服务也给予相同的肯定态度,游客的旅游感受与旅游期望均得到了极大满足,从而使游客重游率增加,并在游客心中树立良好的旅游目的地形象,可以间接促进旅游目的地的经济发展。

另外,创新优化旅游活动与维护游客关系,也是旅游经济中重要的一环。当地政府应做到发现问题及时解决,有了投诉及时反馈,遇到缺陷及时整顿,多措施优化旅游活动。同时,关注游客与旅游景区之间的关系,加强与游客的互动,及时处理游客反馈,提升旅游景区质量,让当地旅游产业的经济条件变得更加良好完善,带领旅游市场向好的方向快速发展。

第二节 旅游的文化效应

旅游活动是人类的实践活动,它不仅对世界的经济产生了巨大的影响,而且对旅游目的地的社会文化也产生了巨大的影响。要了解其背后的原因,我们首先要回顾之前所学,旅游活动是具有异地性的,即与日常在定居地的生活方式不同,而是离开惯常居住地到陌生异地进行活动。它不只是一种单纯的空间移动,而更重视离开惯常居住环境去领略不同地区间的差异性。因此对于旅游者而言,无论外出接触不同文化特质是否是其此行的根本目的,都不以其意志为转移并且在其旅途中发生着。与此同时,文化与社会特质的不同是相互的。对于旅游者而言,环境相对陌生,而对于目的地的居住者来说,旅游者同样也是新奇的存在,二者之间的互相交流与碰撞,直接或间接的接触,也同样会对当地居民与社会文化产生影响。

进一步讲,对于一项结论的得出,我们不只要明确事物发生时"质的不同",同时也要注意"量的积累"。对于旅游和旅游现象来说,不仅要留意旅游者与目的地间是否有差异,同样也要考量旅游活动和旅游者对目的地影响施加的大小与时长,这会对我们衡量其影响程度产生作用。回归现代旅游活动,不可否认的是,现代旅游活动已经成为一个发展

极具规模的产业,成为社会运转不可或缺的一环。旅游不再是阶层行为,不再是贵族活动,而是全民旅游、全面出行。因此,原本只存在于旅游者和目的地居民之间的单个接触行为逐渐扩大规模,演变成群体之间的社会性接触。日久天长,这种接触对居住地个人产生的影响将不可避免地演化成对目的地的社会和文化的整体影响。正因如此,我们才会在本节探讨旅游对文化的影响,即旅游的文化效应。探讨旅游的文化效应作用在哪些方面,影响程度又有多大。

和旅游的其他方面影响一样,旅游的社会文化效应也有正负之分。

一、旅游对文化的正效应

1. 提高身体素质,提升精神修养

旅游活动既是在体育锻炼方面的提高,更是对个人精神世界的提高。通过出游,旅游者在潜移默化中接触了异地的民族风情,浏览了各地的山川湖海,体验了新奇的娱乐活动。在这个过程中,他们不仅锻炼了体质和意志,还增长了知识和见识,开阔了眼界和胸襟,从而使其的身体素质和精神世界都有所提升。

首先,旅游可以锻炼身体和意志。长途旅行不是静态的,而是活动的,需要出行移动。如果有活动,就会有体质锻炼和意志磨炼。在城市化程度不断提高的现代社会,人们与自然的严重隔绝,使工作单调、枯燥、劳累,身体素质下降,而旅游可以让城市居民充分享受阳光、空气和自然美景。通过游览宜人的自然景观,欣赏当地的风土人情,人们可以得到积极的休息和娱乐,能够开阔眼界,培养高尚情操,提高审美能力,从而提高对生活的热爱程度。这既是大众旅游的重要动机之一,也充分体现了旅游活动对促进人们身心健康、提高素质的积极作用。

其次,旅游可以开阔视野,学习知识。当人们厌倦了居住地时,便想去看看外面的美好世界;当人们厌倦了旧景点,他们就会希望遇到不一样的美丽风景;当人们厌倦了旧生活的按部就班,他们就会想体验其他令人兴奋的活动。人们在不断追求创新中追求需求的满足,从而不断开阔新视野,了解新事物,学习新知识。因此,不仅限于读书,旅游也是人类掌握知识的主要途径。旅游就是在寻求创新中寻求知识,在娱乐中寻求学习,这远比单纯的阅读更有吸引力。因此,作为人类文化活动的一个组成部分,我们不可否认,旅游是一种特殊的学习活动。人们通过各种形式的旅游活动,体验不同的文化、不同的景观,从而获得无法书面表达的文化内涵,增加人生体验,提高文化素质。

最后,旅游可以提升精神素养,升华精神生活。旅游活动是提高旅游者精神素质的重要途径。面对美丽的自然、灿烂的文明、丰富的异质文化和多彩的娱乐活动,旅游者在这个过程中,不仅得到了旅游体验,更得到了自身情感和思想的升华。例如,奖励旅游可以培养团队精神,加强企业中团队协作效率,增强企业营运实力;生态旅游可以培养环保意识,让我们对于祖国的名山大川更具见识,从而也富有更深厚的情感;红色旅游则是一种非常好的文化宣传与爱国主义教育,可以培养我们的爱国情感,能够达到应试教育所实现不了的效果。

2. 保护文化遗产，弘扬古老习俗

旅游业同样也带有十分深重的文化属性。旅游业发展到成熟阶段，文化的作用就显得愈加重要。一方面，高层次的文化旅游非常注重文化环境及文化氛围的营造，以满足旅游者追求原汁原味的文化享受的需求。有些国家举办国际文化节、艺术节、音乐节等，对传统文化艺术进行集中展示。另一方面，传统文化也是旅游地重要的旅游资源，到异地去领略不同的文化更是相当一部分旅游者的主要旅游动机。

正是因为旅游业能够起到文化继承和传播的作用，因此在旅游开发和发展中要高度重视文化遗产保护。首先，对现存文化遗址的保护式开发，能够将其所蕴含的文化内涵传递给旅游者。例如，将部分革命遗址列为全国爱国主义教育示范基地，通过对物质化的遗产保护传递非物质化的文化精神。其次，发展旅游业在客观上是对未开发的文化遗址的高度重视，对传统文化起到了保护作用。最后，是对非遗文化的活化利用，用旅游的方式使非物质文化遗产活化起来，动态地展示在旅游者面前。通过旅游活动，既加强了对文化遗址的保护，同时，也促进了旅游者对古老文化的理解与传承。

对于我国而言，中国具有5 000多年文明的历史，祖祖辈辈为我们留下的民族文化瑰宝数不胜数。据国家文物部门的统计，全国地上和地下的不可移动的文物有近40万处，同时，我国有56个民族，每个民族都有自己的传统文化。由于历代的战乱，不少地上文物受到不同程度的破坏，有的甚至被夷为平地，如八达岭长城、居庸关长城、黄鹤楼等，且很多非物质传统文化也在一定程度上被人们所忽视。为了适应旅游者在新时期对旅游产生的精神文化需要，旅游开发商将关注点放在了一些传统文化和民风民俗上，将其商业化和活化形成旅游产品，一些古迹也重新被修复或复制。据相关调查显示，在很多文化旅游景区，手工艺和表演艺术都是因为有了旅游者的支持才得以保存至今，在很多旅游目的地，旅游纪念品贸易不仅对当地经济有巨大的贡献，而且有助于维持传统手工工艺，使之得以流传，如果没有旅游业，这些技艺可能早就失传了。可见，这些几乎曾经被我们抛弃的历史文化遗产和民族风情又随着旅游的发展注入了生机，获得了新生，并且成为对游客具有吸引力的人文旅游资源，成为中国的国家财富与民族财富，不仅受到游客的欢迎，而且也唤起当代中华民族对自身民族传统文化的珍惜和自豪感。

3. 加强知识互鉴，促进文化交流

经济学家于光远有言，"从社会文化价值看，旅游具有非常明显的教育意义，它可以是一种社会化的因素，因为它使人亲自了解现实，可以培养人们面对现实的某种态度；它也是一种培养感情的因素，在很多情况下，它有利于智力、科学、技术、艺术和文学方面的创造。"不同于国家在各项社会事业方面的资金投入，旅游业对文化的建设与促进效应，主要是依托旅游者自身的旅游与消费活动，自发地、自觉地对文化传播与文化交流给予建设与支持。旅游所推动的文化并不具备强烈的人群属性，并不是社会某一阶层或社会精英以及寡头巨鳄才能独占享有的特殊能力，而是全国民众全方位地参与其中。这种文化交流没有固定形式，也不需要固定主题。在各个文化群体间公平地、自由地开展多方面、全方位、面对面的交流以及客源地与旅游目的地常驻人群之间的互动与碰撞，对于文化建设的

影响更加长久而深远。

二、旅游对文化的负效应

1. 破坏当地文化，异化民风民俗

旅游对文化造成的直接破坏，结果往往触目惊心。一是旅游者的不文明行为所带来的破坏。有的旅游者文明旅游意识欠缺，到达目的地后，对目的地的一些传统建筑、雕塑、壁画等随意攀爬、刻画、拍照，一些建筑或雕塑因此而倒塌、破损；而旅游地随处可见"到此一游"的印迹，极大地影响被刻画物体的美观；随意的拍照行为会对壁画等文化遗产造成极大损害。甚至一些旅游者不遵守旅游地的规章制度，在禁止吸烟的地方吞云吐雾，烟雾和温度的变化会对一些文化遗产产生不利影响。二是经营管理过程中的不当行为造成的破坏。其中包括由于施工的原因带来的文物破坏，游客接待过多造成的破坏，还有一些是发展旅游业难以避免的破坏。诸如莫高窟、长城、故宫等，由于发展旅游业长期对外开放，都不同程度地遭受到了破坏。

对于旅游者带来的间接破坏，其修复难度极大，同样令人痛心。旅游是一种跨区域行为，旅游者来自世界各地，其身上所带有的民俗道德，甚至文化烙印与意识形态，都可能与目的地有很大不同。当旅游者通过旅游行为到达目的地，其意识形态中的糟粕成分也会跟随旅游者的脚步，对旅游地居民造成不良影响。部分旅游地居民在大批接触这些外来文化后，思想认识出现偏差，开始盲目模仿旅游者的一些行为，如着装、娱乐方式等，尤其是年轻人，由于思想观念先进且更易于接受新鲜事物，相比之下更容易被外来文化所影响。部分居民的模仿行为进而波及旅游地社会所有阶层，导致原有文化与价值观念受到冲击。

2. 影响景点运转，干扰正常生活

一个地区在旅游发展的初期阶段，旅游规模较小，前来旅游的旅游者较少，不论是在经济还是文化上的积极作用都比较突出，当地人获益明显。且早期旅游者带有"探险"的性质，对旅游地的社会标准和价值观也较为尊重。这些都对居民和旅游者的主客关系起到了助推作用，当地居民对旅游者持有较为友好的态度。随着旅游者数量的不断增多，居民对旅游所带来的经济利益变得习以为常，而对旅游的负面影响感到烦恼。旅游者大量进入目的地，对当地居民的正常生活产生了影响。首先是生活空间变得拥挤。每个旅游地都有一定的承载力，短时间内大量旅游者到来后，当地居民的生活空间会受到挤压，正常生活受到影响。尤其是在旅游旺季，一些旅游热点地区拥挤不堪，当地居民要么躲在家里，要么只能逃离家乡。其次，旅游者的不文明行为也会产生不良影响，如对当地民俗的蔑视态度、乱扔垃圾等，这些行为也会引起旅游地居民的反感，从而引发旅游地居民与旅游者的主客矛盾。如果这种负效应一直得不到消除，旅游地居民会因不堪重负而对大量涌入的旅游者从欢迎变为不满，甚至公开抵制旅游业的发展。

三、旅游地文化效应的正强化对策

1. 宣传文明旅游观念，提倡文明旅游风气

各大旅游热门目的地、旅游大省，都在推行文明旅游，提倡优良的旅游风气。提醒大家保护文物建筑，不要随意涂画，遵守当地习俗，不要冒失莽撞，讲道德，守文明，让旅游者的旅游行为更加健康正面。良好的旅游观念会在一定程度上较好地降低旅游者的旅游行为对目的地文物、文化与社会生活的不利影响。旅游者若可以对文明旅游行为铭记在心，在旅途中知对错、懂分寸，主动约束自己的不文明行为和思想，养成较高的旅游道德素养时，旅游目的地的文化环境也会相应地得到应有的保护与传承。

2. 增强当地现代意识，提高当地居民素养

旅游目的地中的文化与交流冲突是相互的，文明有礼的旅客一定也希望在目的地获得高标准、高素质的接待与体验。因此旅游景区当地的居民素养同样会对当地文化与旅游体验产生影响，直接影响旅游者的旅游体验和感受。文化素养较高的居民会带动来访游客以同样高素质的方式与当地社会进行交流互动，增加旅游兴趣，带来良好的旅游感受。因此，旅游景区应当给予当地居民的文化素养一定的关注与培养，为旅游者营造出良好的文化交流环境，促进旅游正向文化效应的同时，提升旅游者的旅游体验。

另一点是关于旅游地居民本身的传统认知与成长。为了避免出现目的地居民与现代社会脱节，与旅游者交流不畅，对自身文化继承过程中易受外界影响的问题，旅游目的地一方面要敢做事，做实事，实质性地继承发扬传统，对于传统的习俗与文化流传要做到真正的继往开来。与此同时，针对居民对于现代社会的先进思想、先进理念、现代社会思维，要予以融合性的灌输，使传统文化在孕育中得到继承，在融合中得到发扬，吸收现代思潮优点，保留传统理念根基。

3. 吸收居民参与决策，加强居民思想教育

毋庸置疑，现代社会是民主与开放公平的社会。在旅游目的地的开放与管理中要充分引入此类观念。没有人会比当地居民对自己的家乡更熟悉、更了解。因此，对旅游资源进行现代化的旅游开发与管理时，要充分地考虑当地居民的想法与建议，引入当地居民进行协助治理与支持性管理。这一做法既保障了当地的旅游活动在不与其文化民情相冲突的情况下开展，又容易得到当地居民对于旅游活动的支持；同时，也能很好地收集意见与建议，及时反馈，更好地开拓当地旅游市场、开发当地旅游资源。

对于大量外来文化的涌入，当地管理者也要做好对居民的教育工作，树立多元文化认知，开导居民不要抗拒外来文化，在保留传统文化的同时，对外来文化进行批判性吸收和利用，创新民族文化，为民族文化增添时代色彩。这样一来，可以使旅游者也有更为客观的文化认知，驱动旅游者将主客文化放在同一平面上去比较，容易在旅游者与原住民之间形成相互理解的平等友谊，避免当地文化的失落或多种文化的正面冲击。

第三节　旅游的环境效应

人类的所有活动都会对环境产生影响，旅游业的发展也同样会对环境产生一系列的影响，即旅游和环境之间关系密切，牵一发而动全身。

一方面，旅游业的发展高度依赖旅游地环境。旅游地环境的好坏不仅影响着旅游者的旅游体验，也决定了当地的旅游业发展是否可持续。旅游业的发展促进了当地对环境保护的重视，加强了环境保护力度，产生了积极的环境效应。在经济快速发展、人口不断增加的 21 世纪，人们面临社会压力大、城市生活节奏快等问题，"回归自然"成了大多数人外出旅游的动机。如此说来，山清水秀、碧波荡漾、绿水环绕等优质的自然环境本身就是一项不可估量的旅游资源。只有拥有良好的环境，旅游地才可能源源不断地吸引旅游者到来。

另一方面，旅游的开发又会在一定程度上对旅游地环境产生负面影响，这种影响可能是直接的，也可能是间接的。旅游开发商、旅游者、旅游中间商等在旅游地的一系列活动都会在一定程度上对旅游地环境造成破坏。因此，也需要政府采取有力措施，合理开发利用旅游资源，提高人们的环境保护意识，避免对旅游地的过度开发造成的资源破坏，始终坚持"绿水青山就是金山银山"的发展理念，坚定不移地走可持续的发展道路。

一、旅游对环境的正效应

1. 加强环保建设，增加专项资金

一个地区旅游业的良性发展有赖于其环境保护，环境质量越高，往往也会对旅游者产生更大的吸引力。许多地方并没有悠久的人文历史古迹，也没有旖旎奇绝的自然风光，仅是因为环境的优越，让旅游者的体验获得巨大提升。以浙江台州为例，台州古为渔村，滨海而建，历史地位并不出色，而海滨风光也无甚出奇。但台州政府大力发展地方旅游，建立各项便捷设施，并将原本就十分自然原始的临海风光加以规划保护，形成具有度假、渔村体验性质的休闲胜地，每年都吸引了大批旅游者前往放松身体，净化心灵。

由此不难发现，旅游业的发展对旅游资源的保护和开发提出了迫切的要求。为了吸引旅游者，旅游地和旅游开发者必须十分重视环境保护这一议题，并通过多种方式将环保理念传达给目的地居民，使他们深切感受到自然环境所带来的价值和意义，乃至为其自身带来可观的经济收益，唤起居民的环保意识，形成居民、政府和企业共同进行环境保护的局面，这在客观上促进了对自然环境的保护。为了向旅游者提供满意的体验，旅游目的地政府或旅游开发公司必须采取相应措施，强化环境管理能力，提高自然环境质量。国内一些地区原来存在乱砍滥伐等现象，发展旅游业后，当地政府制定了一系列措施进行环境保护，一些污染环境的企业被停产，如造纸厂、硫酸厂等；禁止砍伐树木、采伐矿石，禁止携带火种上山；建立垃圾处理站、截污设施；对垃圾焚烧、麦秸焚烧、房屋建设等进行严

格规定，有效保护了当地的自然环境。随着旅游业的不断发展，当地环境也在不断向好的方向发展。本已消失的野生动物又回到了原来的栖息地，甚至还吸引了新的动物前来栖息，为当地自然环境增添了美好的景致。

环境保护已经强调了很多年，但受制于种种条件不足，多地仍然在环保上存在不达标的现象。其中最明显的制约项之一就是对于环保的专项资金不足。旅游业的出现也许较好地解决了这个问题。一方面，旅游业的收入使地方的财政困难得到了解决，旅游收入可以直接作为环保经费予以划拨。例如，门票收入的一部分可以用来作为环境保护和治理的费用，当区域获得旅游收入后，把其中一定比例的资金反馈到环境保护专项中，不仅改善了当地环境，而且能够提高当地居民自觉保护环境的意识。与此同时，旅游业对于美好环境的要求，又进一步加大了政府与企业对环保的关注度。各类风景名胜区的不断建设，使得旅游地的生态环境质量得到不断提高。政府和企业愿意把更多的公共资金投入到环境保护和治理中来。此外，政府税收的增加能进一步保证环境保护和治理活动的开展。

2. 升级城市设施，提升城市质量

旅游能促使当地政府采取有效措施为旅游者创造一个"满意"的环境。旅游地要改善景区的可进入性和接待能力，必须进行基础设施建设。一些原本较落后的地区，在旅游开发过程中，通过引入资金，新修高等级公路，不仅方便了旅游者，更方便了当地居民；同时，旅游休闲和娱乐设施的建设，满足了旅游者的需要，也丰富了当地居民业余生活。此外，外形美观的高端酒店、购物商场等设施的建设，美化了环境，促进了旅游地的发展。最后，为了提高旅游者满意度，旅游地非常注重清洁卫生工作。干净整洁的街道、布满花卉植物的步道、各种精致的景观小品，都在一定程度上优化了旅游地居民的生活环境，提高了其生活质量。

3. 保护历史古迹，修复珍贵建筑

旅游业的发展，绝对不能脱离当地优质的自然与文化旅游资源。在旅游业尚未发展起来时，地方既没有动力也没有意识去对一些貌似没有经济价值的文物古迹进行保护与修复。当旅游业开始发展时，便容易产生旅游资源缺乏的情况。为了增加旅游接待国对旅游者的吸引力，满足人们的旅游需求，当地政府就会重新修建或增加一部分旅游设施。此外，古迹和古建筑的保护需要大量的资金，而旅游业的收入可以部分用来维护环境质量和保护文物古迹。从这个角度来说，旅游业的发展也实现了对文物古迹的保护。

二、旅游对环境的负效应

1. 资源过度开发，环境毁坏严重

有些旅游目的地并未能做到环境和经济"两手抓"，虽然给目的地带来了经济效益，但是破化了生态环境，对环境产生了负面影响。

由于个别旅游者的不文明行为，旅游景区环境已经持续出现恶化。低素质旅游者得不到制止与教育，使乱扔垃圾、踩踏草坪、随手摘花等现象越来越严重；而且在旅游过程

中可能产生噪声污染和其他污染，如当旅游者情绪高涨，游览时对当地居民造成了噪声污染；此外，还有垃圾污染与水体污染，由于旅游者的到来，大量废水与废弃物的排放直接导致了环境的恶化。经过时间的堆积，这些恶性行为对原有的生态环境造成了极大的伤害。而我国一些旅游地区建设初期未曾考虑到其对原有生态的合理开发利用和保护以及人工景观与自然景观的协调问题。

对于旅游产业整体所造成的破坏效应，则更为触目惊心。很多地区为了发展本地的旅游产业，追求更加高额的旅游收入，超负荷接待旅游者，结果往往受影响最大的不是当地居民，而是当地宝贵的动植物，很多动植物极有可能因为人类的过度影响而直接面对种群数量减少直至灭绝，生物多样性受到极大影响，生态破坏几乎不可恢复；而对于超额接待的人文历史景区如故宫、长城，建筑与环境本身就是具有极高历史价值的文物，这种摧毁将是直接而巨大的，每年故宫对于设施的维修与修护花费超过百万元，但有时仍不能把破坏的部分修缮如初。建设度假山庄和大型度假酒店的时候也会给原来的环境带来影响，在开始建设的时候不重视环境的保护，等到旅游景区建成的时候，饭店、旅馆里旅游者的大量涌入会给当地的环境造成污染。面对如此情况，秉承谁开发谁保护、谁污染谁治理的原则，面对日益凋敝的地方自然环境，地方政府将又不得不花费巨额资金治理环境、恢复环境，这对地方财政的负担将会是开发资金的十倍以上。就此看来，旅游资源的过度开发会造成恶性循环，不仅环境未得到保护，未能实现可持续发展，地方政府也付出了高昂的经济代价。

2. 增加污染来源，加重环境污染

许多旅游景区涌入大量旅游者，导致了排污量急剧增加。机动船只加大，增加了水体污染；旅游交通运输需求量增大和机动交通工具废气排放增多、人群集中等加重空气污染；酒吧、KTV等娱乐设施建设，增加噪声污染。此外，旅游者的大堆涌入，还在不同程度上造成了旅游地视觉污染、垃圾污染、噪声污染。上述现象均对当地环境产生了不利影响，降低了旅游地环境质量，影响旅游地居民的正常生活，也不利于当地旅游业的优化升级和可持续发展。

三、旅游地环境效应的正强化对策

1. 加强生态保护教育，点滴抓起环保意识

对于旅游目的地破坏最持久的是旅游者行为，而旅游者行为的监督不可能做到全天候与全方位，更多的还是要靠旅游者的自觉与自我约束。因此，我们要加强对旅游者的宣传教育与舆论约束，这要基于全方位环保宣传活动的开展。在旅游开发前期，我们就要对基本的环保宣传设施、环保宣传标语、环保宣传广告与手册进行设计与生产安置，在景区开放伊始就要对旅游者进行大力度的环保宣传，在实物宣传中教育约束其破坏文物自然环境的想法与行为，同时，要加强环保活动的开展，如挑选旅游者进行环保活动的参与、植树造林、寻找并保护濒危植物、捡拾垃圾与劝阻不文明行为活动，都可以使旅游者对于不环保的行为产生发自内心的抵触情绪，激发其内心的环保动力。

最后，要加强舆论监督，鼓励旅游者对于不环保的旅游行为进行曝光与举报，旅游者

旅游概论

之间互相监督，才会更大力度地做好环境保护的工作。可以实行奖惩措施，如对于举报成功的旅游者进行免票或者给予一定的优惠，有助于景区环保工作的全方位开展，同时也震慑了其他潜在不文明旅游者的潜在违规行为，有利于持续推进旅游者的文明旅游。

2. 减缓生态环境破坏，降低人为生态危害

旅游活动的开展对于生态环境的破坏有时不可避免，但是我们可以尽量降低对自然环境的影响与损害。对于正在建设的景区，我们需要重点关注周边生态环境的保护工作，最好是推行类似"河长制"的措施，分区、划片设立责任地段，每位负责人对应一片需要保护的自然区域，从开工到竣工定期派人检查验收。对于破坏较为严重的区域要进行问责惩处，以震慑污染破坏行为，让自然环境时刻处在"保护伞"下。

另外，还需要有"断舍离"的精神，对于"非必要"的旅游活动与可避免的破坏行为予以杜绝，与旅游景区本身经营内容无关的活动尽量不开展，过多人流、客流、车流的活动尽量控制规模，可以异地搬迁的景区设施尽量转移位置以保护生态。对于无法调解的潜在不环保活动，一定要全程进行严格监督，确保旅游环境的安全，最大限度地保护其原生态的风光风貌。

对于人文古迹我们则需要采取最直接而科学的保护措施，无论是在景区建设时还是景区开放后，文物的完整性保护应当是第一要务。文物若不能进行合理安置，后面旅游发展的过程中会逐步受损，这将是旅游资源与文化瑰宝的重大损失，是一种短视的旅游资源开发行为。做好文物古迹的保护工作，与"时间"做抗争，运用各种现代化手段保护文物古迹。

3. 重建受损生态环境，切勿放任损害加深

当旅游景区的自然环境已经开始恶化并呈现出消极的趋势时，我们就应及时地开始生态修复工作，对于旅游景区内的环境进行抢救性保护，暂时停止某些旅游景区的开放，如果可以自然恢复最好，若不能自然恢复则需要人为进行有效修复，不应在此时贪图一时利益而放任不管。生态环境的恢复难度是难以想象的，文物古迹的修复工作也是耗时、耗工较大的，贪图一时的经济效益而放任自然人文环境的恶化将会对其造成难以逆转的伤害。长久来看，这将是当地旅游资源的巨大损失。保护与修复工作一定要及时而到位，科学的抢救和果断的修复是对当地旅游资源的最好利用和保护。

第四节 旅游可持续效应

一、可持续发展

1. 可持续发展的缘起

20世纪50年代末至60年代初，发达国家由于走"先发展后治理"的路径，过度重视工业制造业发展，忽视了对自然环境的保护，因此环境问题越来越突出。20世纪70年

代,不少学者对旅游所带来的消极影响发出警告。80年代,人们开始重视旅游所产生的消极影响。

1972年,在瑞典首都斯德哥尔摩召开的联合国人类环境会议通过了《联合国人类环境会议宣言》,宣传并呼吁各国政府和人民为维护和改善人类环境、造福全体人民、造福后代而共同努力。

1983年12月,联合国成立了世界环境与发展委员会,并要求该委员会以"持续发展"为纲领,研究长期环境对策。"持续发展"被首次提上议事日程。

1987年世界环境与发展委员会发表了报告《我们共同的未来》。该报告首次采纳了"可持续性"和"可持续发展"的概念,将环境和发展紧密地结合起来,做出了比较系统的阐述。在该报告中,可持续发展被定义为:"能满足当代人的需要,又不对后代人满足其需要的能力构成危害的发展。"由此掀起了可持续发展的浪潮。

在1992年召开的联合国环境与发展峰会上,各国就可持续发展问题展开了广泛而深刻的讨论,目标是通过在国家、社会重要部门和人民之间建立一种新水平的合作来形成全新和公平的全球伙伴关系,各国为签订尊重各国共同利益和维护全球环境与发展体系完整的国际协定而努力,可以说,是认识并肯定了"人类命运共同体"的完整性和互相依赖性。

2. 可持续发展的定义

目前,应用最广泛的可持续发展的定义仍然是由世界环境与发展委员会(WCED)发表的报告《我们共同的未来》中给出的定义:

"可持续发展是既满足当代人的需求,又不对后代人满足其需求的能力构成危害的发展。它是一个密不可分的系统,既要达到发展经济的目的,又要保护好人类赖以生存的大气、淡水、海洋、土地和森林等自然资源和环境,使子孙后代能够永续发展和安居乐业。可持续发展与环境保护既有联系,又不等同。环境保护是可持续发展的重要方面。可持续发展的核心是发展,但要求在严格控制人口、提高人口素质和保护环境、资源永续利用的前提下进行经济和社会的发展。发展是可持续发展的前提,人是可持续发展的中心体,可持续长久的发展才是真正的发展。使子孙后代能够永续发展和安居乐业。"

3. 可持续发展的原则

(1)公平性原则

可持续发展的公平性原则强调的是机会均等和利益平等。横向是指地区之间的平衡,即不能以牺牲某一地的环境为代价来换取经济效益;纵向是指代际平衡,即不能以牺牲未来的发展可能性来换取眼下的经济利益,需要有长远的目光。这一原则认为,人类各代人都处于同一生存空间,都有同样的权利享受这一空间的自然资源和社会财富,都应该有同样的生存权利。各国、各地区、各代人都应享有平等的发展权。

(2)持续性原则

人类社会的发展绝不可以越过环境承载力与自然资源保有量的上限,也就是说,发展的概念包含着制约因素。主要限制因素是人口、环境、资源，以及技术天花板的限制，但最重要的限制因素是人类赖以生存的根基所在——自然环境与自然资源。因此，可持续发展原则的核心是，人类经济社会发展不能超越我们所处的自然环境对人类所需自然资源的提供能力和自然对人类影响的承载能力，以真正实现人类当前和长远利益的统一。

（3）共同性原则

尽管不同国家具有不同的发展模式，但发展中国家需要秉持的公平性和可持续性是共同的。可持续发展着眼于超越文化和历史障碍的全球问题。尽管国情不同，但是公平性、持续性和共同性原则在世界各国都是普适的，每个国家只需要结合自己的情况进行适当的调整就可以实现具有"自我特色"的可持续发展。同一个自然环境背景的完整性和相互依赖性决定了我们对于保护共同家园的必要性。

二、旅游可持续效应

1. 旅游可持续效应的缘起

当生产力充分发展，人们的物质生活得到极度丰富后，必然会产生旅游一类的休闲消费行为，以满足对丰富精神世界、放松身心的需求。当旅游业空前繁荣后，旅游资源必然成为炙手可热的重要资源予以开发。这种情形的持续最终导致世界各地旅游资源因过度开发而纷纷告急，与广义上的可持续发展概念来源相类似，旅游资源和旅游环境的危机日益显现，严重影响了旅游业的发展前景与行业发展潜力。旅游可持续效应便是在这种环境下提出的。旅游可持续发展就是可持续发展理念在旅游行业中的应用。

旅游可持续效应的大体概念可以表述为：以旅游目的地自然、人文和生态环境为基础，充分考虑旅游承载力，满足当代人的旅游需要，并能造福后代的一种旅游效应。

2. 旅游可持续效应的定义

对于旅游的可持续效应，一般有两个定义是公认相对权威的。一是世界旅游组织1993年对旅游可持续发展给出的定义："在维持文化完整、保持生态环境的同时，满足人们对经济、社会和审美的要求。它能为今天的主人和客人们提供生计，又能保护和增进后代人的利益并为其提供同样的机会。"二是1995年《可持续旅游发展宪章》中所指出的："可持续旅游发展的实质，就是要求旅游与自然、文化和人类生存环境成为一个整体"，即人类生存、自然资源、旅游活动三者的三位一体，这样，达成一种在社会经济正常运作、资源良性取舍、环境得到保护的前提下，旅游业健康发展的共同运转模式。

3. 旅游可持续效应的理想目标

旅游可持续效应最基本也是最直接的发挥方式在于保护生态环境，满足旅游行为可持续健康的发展，保护有限的旅游自然环境资源。自然环境资源的有限性和难以再生性，决定了我们在对其利用的过程中，要充分考虑自然规律，在环境承载的范围内去开展旅游活动，即旅游的开发和发展需要从长远出发，全面认识旅游可持续效应的影响，通过有效的管理手段来提高自然环境资源利用率，减少对环境的破坏，实现旅游发展和环境保护双管齐下。

（1）建立一个公平发展的旅游文化体系

旅游业的可持续效应蕴含着最深刻的公平理念。资源并非某个个体所有，无论广义的自然资源还是狭义的旅游资源，所有人都有权享受，并应当公平地被分配。旅游业的可持续发展，不仅使现代人公平地享有资源环境权，而且也使后人享有资源环境权。它不仅能使经济领先的发达国家享有资源优势，也能使欠发达国家的人们享有权利。

（2）实现旅游业持续发展，满足旅游者高质量旅游需求

旅游的可持续效应不仅要使旅游业能够获得较大的经济收益，实现高效的环境、经济效益，而且也要考虑旅游的未来发展。要实现环境与经济之间最大的投入产出比例，实现环境保护与经济投入的高效率，满足旅游者的需要。旅游者对旅游景点高质量的要求是否能不断地予以满足是能否维持旅游者数量居高不下的基本条件，仅当景点持续以高效率合理利用资源，以目前能力达到最高标准，以保证目前发展并非饮鸩止渴、竭泽而渔，才能使当地旅游具有旺盛的生命力，从而得到真正的发展。因此，若要发挥旅游的可持续效应，就不能超前发展。以目前的水平，提前开发还不能达到高效率开发程度的旅游资源，会造成资源的浪费并断送旅游资源的合理开发途径。

4. 可持续旅游效应作用的模式

综合考虑旅游影响及人与自然和谐发展的理念，结合旅游发展过程中各方利益及其作用，旅游可持续效应作用的模式为：在"绿水青山就是金山银山"的发展理念指导下，坚持政府主导，发挥多元主体作用，做好旅游景区生态建设、环境保护建设、旅游资源保护建设等工程；积极开发绿色、生态旅游产品，构建生态型旅游发展道路。在旅游的发展过程中，还应引进项目认证与环境管理制度进行可持续旅游的管理。可考虑通过社区参与进行社会文化的保护并吸纳当地居民从事旅游业，解决其就业问题，提高其经济收入。

可持续旅游概念的提出，从战略的高度为旅游业发展指明了方向，有利于旅游地充分利用旅游来发展正面、积极的影响；减少负面、消极的影响，引导旅游业朝着健康、平稳的方向发展。

思考题

1. 旅游如何提高身体素质，提升精神修养？
2. 旅游如何促进行业发展，辐射相关产业？
3. 旅游如何扭曲产业结构，影响经济稳定？
4. 可持续发展的原则有哪些？
5. 旅游会对环境产生哪些负面效应？

知识拓展

优化产业结构　用活绿水青山
——代表委员谈乡村旅游助力乡村振兴

在2021年新年贺词中，习近平总书记强调"要咬定青山不放松，脚踏实地加油干，努力绘就乡村振兴的壮美画卷"。近日发布的2021年中央一号文件对下一阶段全面推进乡村振兴作出部署，其中提出，开发休闲农业和乡村旅游精品线路，加强农村资源路、产业路、旅游路和村内主干道建设等。如何更好地发展乡村旅游，绘就乡村振兴的壮美画卷？两会期间，《中国旅游报》记者就此采访了部分代表委员。

全国政协常委、四川省凉山彝族自治州人大常委会主任达久木甲表示，"要想富，先修路"，党的十八大以来，国家开展了旅游路、资源路、产业路建设，为广大群众脱贫致富奔小康提供了坚实保障。但目前脱贫地区旅游路、资源路、产业路建设仍存在一些问题，建议继续支持、推进相关工作。一是统筹规划脱贫地区内部道路与外出通道建设。以旅游环线为重点推进城乡路网建设，将高速公路、高速铁路、干线公路、农村公路等与旅游路、资源路、产业路等串联起来，实现互联互通。二是提高脱贫地区建设旅游路、资源路、产业路的补助标准，降低项目准入门槛，提高项目覆盖面，最大限度串联景区景点、激活城乡可开发可利用的各类资源。三是分类指导脱贫地区旅游路、资源路、产业路建设。

全国政协委员、宁夏回族自治区政协副主席洪洋表示，旅游业在脱贫攻坚中发挥了重要作用，是打赢脱贫攻坚战的生力军。旅游业不仅增收见效快、环境影响小、带动性强，而且能够促进文化交流。发展旅游产业不是单纯的"输血"，更能"造血"，在带动群众脱贫致富的同时，还能达到"扶志"和"扶智"的多重效果。在持续巩固拓展脱贫攻坚成果、持续推进脱贫地区乡村振兴中，旅游业尤其是乡村旅游大有可为。政府应继续加大前期投入，改善乡村旅游基础设施；健全相关政策机制，制定完善行业标准，切实提升乡村旅游品质和服务质量；加强对乡村旅游市场的引导、规范和监管，杜绝欺客、宰客现象，推动乡村旅游高质量发展。

全国政协委员傅勇林表示，判断乡村旅游助推乡村振兴的实效如何，主要看其是否有利于"加快农业农村现代化"，具体包括是否有助于统筹发展和安全，是否有助于县域内城乡融合发展，是否有助于乡村产业、人才、文化、生态和组织振兴，是否有助于建构现代乡村产业体系、产业集群、全产业链及其标准体系。总之，乡村旅游助推乡村振兴，要能使乡村建设行动取得明显成效，乡村面貌发生显著变化，乡村发展活力充分激发，乡村文明程度得到提升，农村发展安全保障更加有力，农民获得感、幸福感、安全感明显提高。

全国人大代表、陕西省商洛市山阳县南宽坪镇安家门村党支部副书记宁启水说，乡村旅游对乡村经济社会发展具有多方面的积极促进作用，比如，发展乡村旅游，可以充分调动农村旅游资源，调整和优化农村产业结构，延长农业产业链，促进农民转移就业；推动挖掘、保护和传承农村文化，发展特色文化旅游，同时吸收现代文化，形成新的文明乡风；有利于保护乡村生态环境，推动农村村容改变；有利于实现"管理民主"的目标，在发展乡村旅游的过程中，提高当地农民的民主、法治意识。"秦岭腹地高海拔山区村民搬出后，腾出了大量资源，可以进行适度的招商开发，这也有利于资源利用和更好保护。"宁启水说。

"发展乡村旅游，可以带动餐饮、住宿、休闲农业等相关配套产业发展，促进当地农民增收致富，同时吸引农民工、大学生返乡就业创业，为乡村振兴储备人才人力；促进农村现代化发展，使农村基础设施、农民生活环境不断完善，为进一步发展高新技术产业奠定物质基础；能够促进第一、第二、第三产业融合，从而促进城乡人口、资源双向流动，实现城乡融合一体化发展，让城乡共享时代发展红利。"全国人大代表、河南省辉县市张村乡裴寨社区党总支书记、春江集团有限公司党委书记裴春亮建议，立足全面实施乡村振兴战略这个大的时代背景，挖掘当地自然文化资源，开发满足不同需求的差异化旅游线路、旅游产品，不断完善、拓展产业体系，加大对城市人才、资金资源的引进，让当地乡村旅游更上一个层次。

全国人大代表、河南省栾川县潭头镇拨云岭村党支部书记杨来法说，乡村旅游是最符合乡村振兴总体目标的一种新业态，不但可以使农民就地就近就业，同时也用活了"绿水青山"生态资源，真正使其变成"金山银山"。乡村旅游产业在乡村振兴中发挥着生力军作用，对壮大集体经济、城乡融合发展等具有很好的推进作用。"栾川县自然生态优美，乡村旅游产业方兴未艾，前景很好。希望相关部门对发展乡村旅游提供更多的政策、资金支持；在发展过程中要避免同质化，用好原生态资源，杜绝大拆大建，充分倾听、采纳当地村民的意见建议，把'记得住乡愁'贯穿发展乡村旅游始终。"杨来法说。

全国人大代表、浙江省杭州市桐庐县江南镇环溪村党总支副书记周忠莲认为，人才不足是乡村振兴工作的一大"痛点"。发展乡村旅游、推进乡村振兴工作，引进、培育一批懂技术、有活力、肯扎根的青年人才迫在眉睫。她说，近年来，桐庐县以优质农产业项目为载体，在乡村旅游、精品民宿等领域引进人才，为乡村振兴注入强劲动力，特别是一些标杆团队的示范项目相继运营，彻底转变了当地的农业发展模式。截至目前，桐庐县已经引进乡村旅游、精品民宿人才团队70余个，建设精品民宿近百家，有效提升了民宿人才结构水平，带动全县民宿经营户近千户、床位1万余张。

"在乡村振兴过程中，要注重借助科技力量，发挥网络、技术、资源平台优势，聚焦医疗、教育、文化和旅游等领域，推出丰富成熟的'互联网+'行业应用和标准化产品，为巩固脱贫成果、推进乡村振兴打下坚实信息化基础。"全国政协委员、中国联通集团产品中心总经理张云勇介绍，近年来，中国联通集团在黑龙江省饶河县投入5 200万元，建设"智慧饶河"信息化服务平台；在河北省沽源县投入2 000万元，建设"智慧沽源"信息化服务平台，重点打造县域智慧旅游和电商平台，助力当地发展乡村旅游，成效显著。

（资料来源：中国旅游报，https://h5.newaircloud.com/newsepaper/detail/10160_90581_1208526_15419222_zglyxw.html）"

参 考 文 献

［1］王红卫. 我国旅游产业发展及其对国民消费拉动作用研究［J］. 商业经济研究，2020（7）：182-185.

［2］邓艾民，孟秋莉. 旅游学概论［M］. 武汉：华中科技大学出版社，2017.

［3］李天元. 旅游学概论［M］. 天津：南开大学出版社，2014.

［4］卢松，潘立新. 旅游学概论［M］. 合肥：安徽人民出版社，2008.

［5］王德刚. 旅游学概论（第3版）［M］. 北京：清华大学出版社，2012.

［6］曾行汇. 浅谈旅游对接待地的社会文化影响［J］. 中国地理学会2006年学术年会论文摘要集，2006.

［7］董培海，赵兴国，李伟. 大众旅游现象的发生学解释——基于社会文化视角的探讨［J/OL］. 旅游导刊：1-15［2020-09-20］.https://kns-cnki-net.web.bisu.edu.cn/kcms/detail/31.2132.K.20200803.1057.006.html.

［8］刘军，马勇. 旅游可持续发展的视角：旅游生态效率的一个综述［J］. 旅游学刊，2017，32（9）：47-56.

［9］郭迪，鲁小波，丁玉娟. 近十年国内外社区参与旅游研究综述［J］. 世界地理研究，2015，24（2）：148-157.